Io mi chiamo Rocco il Cocco, e ti do il benvenuto in questo libro!

Registrati subito all'**AREA ONLINE RISERVATA** per avere **le BASI, i VIDEO, la APP** e tanto altro!

(la registrazione è gratuita!)

Connettiti all'indirizzo
https://suoniesilenzi.link/login
per registrarti gratis

Non ci riesci?

Scrivi il link esattamente come lo vedi qui sopra, compreso di https://

ATTENZIONE: la mail di registrazione spesso finisce in SPAM, OFFERTE o PROMOZIONI!

Ciao, sono il Maestro Libero, ogni giorno invento storie, personaggi e canzoni per permettere a bambini, insegnanti e genitori di fare musica in modo facile e divertente, anche senza leggere una sola nota!

Sono un insegnante di musica, propedeutica musicale e chitarra, lavoro nelle scuole primarie e dell'infanzia dal 2008.

Sono autore di libri bestseller della didattica musicale, svolgo formazione e consulenza per insegnanti in tutta Italia.

Ti dò il benvenuto in questo libro, spero ti divertirai ad usarlo almeno quanto mi sono divertito io a prepararlo!

Maestro Libero
www.liberoiannuzzi.com

1° edizione - dicembre 2018
2° edizione - settembre 2019
3° edizione - agosto 2021

L'opera "Suoni e silenzi", è stata depositata su www.patamu.com con numero di deposito 96392 del 18/12/2018

Tutti i diritti sono riservati

La data certa della generazione della prova d'autore è certificata con marcatura temporale e la sua validità è garantita ai sensi della normativa 910/2014 UE eIDAS per i servizi di Digital Trust.

Indice

Introduzione   *Cosa contiene questo libro - Il metodo Suoni e Silenzi ®* .... pag 5

                     Indicazioni per insegnanti - Progetto per la scuola................... pag 13

Capitolo 1 - Rocco il Cocco.. pag 23

                 La formula magica di Rocco - Pallini e crocette - Suoni e Silenzi -
                 La storia dei Pallini - Con il mio corpo Rock n' Roll

Capitolo 2 - Gedeone il Peperone... pag 45

                 Pallini grandi e piccoli - il simbolo POO - Suoni forti e deboli - La scuola
                 dei pallini

Capitolo 3 - Luana la Banana.. pag 61

                 Il ritmo in tre tempi - il simbolo TITTI - Suoni belli e brutti - il condominio
                 dei pallini - Pallino Rock

Capitolo 4 - Alla carica!... pag 79

                 Il simbolo TEKETEKE - Ripasso generale - Compongo io! - A me piace
                 imparare - Un pallino per l'estate

Conclusione   pag 99

                 Saluti finali - Accompagnamenti con accordi - Basi musicali

Introduzione

Suoni e Silenzi

*Cosa contiene questo libro - il Metodo Suoni e Silenzi ® -
Indicazioni per insegnanti - Progetto per la scuola*

Introduzione

Come funzionano i miei libri?

Ciao!
Io sono Rocco il Cocco!
Prima di iniziare voglio spiegarti come usare <u>al meglio</u> i miei libri...

Forse è la prima volta che utilizzi uno dei miei libri, e non sei abituato ad alcuni espedienti tecnologici, come le basi, le app, i video, ma ti garantisco che una volta imparato l'esperienza didattica sarà molto più ricca!
Prenditi dunque qualche minuto per esplorare bene tutto...

Registrazione Online

Tutti i materiali di cui ti parlo li puoi ottenere GRATIS semplicemente registrandoti all'area riservata del libro.

<u>Torna a pagina 1 e segui le istruzioni per registrarti gratis</u>

Introduzione

Cosa contiene questo libro?

Le basi musicali

Ci sono tanti modi per ottenere le basi di questo libro, ma è fondamentale utilizzarle! La musica si fa con le orecchie, non con gli occhi, dunque se non seguite le basi non state veramente imparando...

I video online

Tutti i capitoli hanno dei video che ti aiuteranno a capire meglio. Guardali sempre!
Puoi riprodurli dal telefono, dal tablet, dal pc o dalla Lim!

Il Metodo Suoni e Silenzi®

Nelle prossime pagine ti parlerò del mio metodo didattico.

Progetto e programmazione

Alla fine di questa introduzione troverai un progetto completo per la scuola primaria e d'infanzia, con programmazione da 8UDA!

Approfondimenti e consigli

Il bello di internet è che ci permette di essere in contatto tutte le volte che lo desideriamo, e di aggiornarci continuamente.

Se ti registri a pagina 1 oltre ai materiali digitali avrai la possibilità di ricevere spunti, suggerimenti, percorsi, e anche di scrivermi per qualsiasi chiarimento.

Introduzione

Il metodo Suoni e Silenzi®

Bene, siamo qui per imparare Suoni e Silenzi…ma cos'è Suoni e Silenzi? È un metodo? È un libro?

Per molti anni non mi sono interessato a questo aspetto, ovvero la definizione e la divulgazione dell'etichetta di "metodo". La musica è per me una forma di espressione libera e multiforme, e le buone idee sono di tutti, indipendentemente dalle categorie.

Nel corso degli anni però, con il crescere della community di insegnanti che utilizzano i miei libri e le mie attività, ho capito che molti di essi avevano bisogno di un chiarimento in merito. Ho temporeggiato, perché preferisco che siano i fatti a parlare: voglio che tu suoni, canti e balli con le mie storie e le mie canzoni, prima di annoiarti con tante parole in didattichese.

Alla fine però ho pensato che fosse giunto il momento di mettere nero su bianco qualche spiegazione su come è nato e si è sviluppato questo metodo didattico, che il 27 luglio 2021 è stato registrato come Metodo Suoni e Silenzi ®

Questo però non cambia lo stato delle cose: Suoni e Silenzi è un'aggregazione di idee, personaggi ed invenzioni nate dalla mia fantasia. Ora ti racconterò come è nato e come io lo intendo, ma questo non deve condizionarti: hai piena libertà di reinventare, integrare o stravolgere quello che io ti propongo.

Come nasce Suoni e Silenzi?

Il mio percorso nella didattica musicale è iniziato sotto il segno dell'Orff-Schulwerk, uno dei metodi più acclarati per l'avvicinamento alla musica dei bambini. Provenendo dallo studio della chitarra, prima classica poi moderna, come molti altri musicisti credevo che la lettura del pentagramma e delle note fosse il primo passo necessario per conoscere la musica.

Durante il mio primo corso di formazione Orff (nel 2008) ho scoperto un mondo nuovo! La musica andava innanzitutto ascoltata, imitata, giocata. Da quel momento è iniziata la mia esplorazione, che continua ancora oggi.

Non utilizzo più né il repertorio, né i simboli né le storie imparate durante nessuno di quei corsi, ma tutto quello che ho inventato è ispirato a quel modo di intendere la didattica. L'Orff mi ha trasmesso più di ogni cosa una "forma mentis" che poi ho continuato ad applicare in tutti i contesti nei quali ho lavorato.

Perdonami se insisto, ma voglio ribadire questo concetto: nessun metodo, per quanto valido, va inteso come un credo religioso. Le buone idee, se sono tali, funzionano anche slegate e rimescolate.

Qual è il confine tra il metodo Orff ed il metodo Gordon? Tra la cucina thailandese e quella vietnamita? Tra il dialetto lombardo e quello piemontese? Le linee di demarcazione esistono sono nelle menti poco elastiche, o peggio ancora nella comunicazione propagandistica di chi vuole affermare le sue idee (didattiche e non) superiori alle altre.

Introduzione

Tutto quello che ti racconterò sono le mie opinioni, le mie esperienze e le mie invenzioni.

Ti autorizzo a dirmi "fa tutto schifo, non hai capito niente", se lo desideri!

Suoni e Silenzi è un metodo analogico

Una delle cose più importanti che ho appreso dal metodo Orff è l'utilizzo di codici analogici, sia grafici che verbali, per l'insegnamento della musica.

Le note musicali, con i loro nomi quali "semiminima" "croma" e "semibreve", oltre ad essere difficili da memorizzare non forniscono nessuna informazione in merito a come un simbolo vada interpretato.

Le sillabe come "ta" "titti" "dude" in utilizzo in molti sistemi didattici moderni sono invece estremamente intuitive. Come si suona un "TA"? E' semplice: basta fare TA con le mani.

Come si suona invece una "SEMIMINIMA"? Ci vuole un manuale di solfeggio per capirlo...

Proseguendo in questa direzione ho, un po' alla volta, inventato i personaggi ed i simboli che troverai in questo libro. Prima di tutti Rocco il Cocco, i pallini e le crocette.

Quando nel 2020 ho incontrato il maestro Camillo Bortolato, autore del metodo analogico che porta il suo nome, lui mi ha immediatamente detto "Ma Suoni e Silenzi è un metodo analogico". È vero, non ci avevo mai pensato!

Ogni simbolo che presento ad i bambini ha un nome semplice, formato da tante sillabe quanti sono i battiti di mani necessari per suonarlo. Così il PA si batte una volta, il TITTI due, il TEKETEKE quattro, eccetera.

Non è una mia invenzione, come ti ho detto. Ho lavorato però molto sull'aspetto di questi simboli in modo da renderli semplici ma al tempo stesso affini alla notazione tradizionale.

Alcuni libri utilizzano rettangoli, quadrati, fiori ed altri simboli non convenzionali. Ovviamente tutto può funzionare, ma io ho ragionato molto sull'aspetto dei miei simboli in modo da renderli semplici e al tempo stesso affini alla notazione tradizionale.

Quando dai pallini si passa alle note in pentagramma, è facile riconoscere la somiglianza.

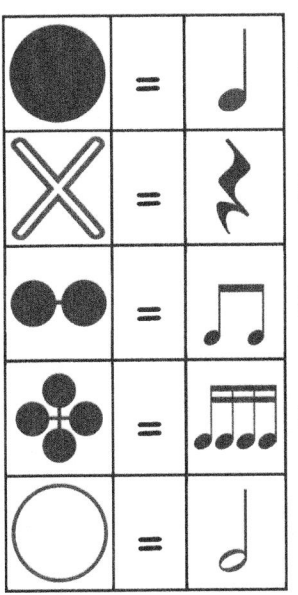

il PA equivale alla semiminima da 1/4

lo SH equivale alla pausa di semiminima da 1/4

il TITTI equivale a due crome da 1/8 ciascuna

il TEKETEKE equivale a quattro semicrome da 1/16 ciascuna

il PO-O equivale alla minima da 1/2

Introduzione

Perché i pallini e non le note?

Bene, perché dunque dovremmo insegnare a suonare con i pallini? Come ti ho detto quello che fa veramente la differenza sono le sillabe che utilizziamo, perché non dimenticare mai che la musica si fa con le orecchie, prima che con gli occhi!

Questo è verissimo, tuttavia è bene fare un paio di precisazioni.

L'attenzione dei nostri bambini è sempre più satura di stimoli visivi e sonori, ad un livello che Carl Orff non avrebbe mai potuto immaginare quando si è spento del 1982. Gli smartphone, i tablet, i videogiochi a realtà aumentata erano tutti ancora lontani.

Oggi i bambini sono molto meno disposti a dare attenzione a contenuti che non siano accattivanti, sia a livello sonoro che visivo.

Una recente ricerca ha dimostrato che il livello medio di attenzione prestato ad un messaggio video è pari a quasi il triplo dell'attenzione rivolta ad un contenuto audio.

Il coinvolgimento visivo è molto importante, sia per i bambini che per gli adulti. I simboli ci servono dunque ad ancorare il loro sguardo e la loro attenzione, mentre proponiamo i contenuti audio ad essi associati.

La musica inoltre è invisibile ed impalpabile, mentre i pallini si disegnano, si ritagliano, si toccano e si percuotono. L'associazione tra gesto e suono risulta così estremamente intuitiva e gratificante.

Ma tutto questo vale anche per le note musicali tradizionali. Perché dunque c'è bisogno dei pallini?

Secondo me (che chiaramente sono di parte) i vantaggi sono tre:

1. **per distinguere i linguaggi**
2. **per avere simboli semplici**
3. **per ribaltare il pensiero didattico**

Per distinguere i linguaggi: sebbene sia perfettamente possibile utilizzare il simbolo della nota da ¼ e chiamarla PA, nella mia esperienza questa strategia non è efficace; la nota servirà anche in associazione al pentagramma, dove dovremo chiamarla DO RE o MI. Se abbiamo insegnato precedentemente che quel simbolo si chiama PA sarà difficile per i bambini fare distinzione.

Per questo motivo io preferisco usare due codici differenti: i pallini per la lettura ritmica, le note per la lettura melodica. Ovviamente si somigliano, difatti io dico sempre che "le note e i pallini sono cugini", dunque la nota nera dura un tempo, proprio come il pallino nero.

Per avere simboli semplici: le note sono difficili da riprodurre, non solo per i bambini. Il pallino è leggermente inclinato, il gambo va posto a destra se sale verso l'alto, a sinistra se scende verso il basso; la semicroma ha due code mentre la croma ne ha una...non parliamo poi della pausa da un quarto! Molti musicisti adulti ancora non sanno bene come scriverla correttamente.

I pallini sono facili da disegnare ma anche da modellare con i materiali più disparati: cartone, feltro, pasta modellabile. Anche i bambini con disturbi specifici di apprendimento (dislessia e disgrafia) non avranno nessuna difficoltà a cimentarsi con questo codice.

Per ribaltare il pensiero didattico: infine l'ultimo motivo, per me il più importante...i pallini ci rendono più liberi!

Per molti insegnanti a digiuno di musica le note ed il pentagramma sembrano il presupposto irrinunciabile per ogni attività musicali, dunque si imbarcano in percorsi tortuosi di spiegazione del solfeggio senza avere né la competenza né, cosa ancor più grave, l'occasione di metterlo in pratica.

Le note ed il pentagramma servono alla lettura melodica: se non dobbiamo suonare il flauto, il metallofono o qualsiasi altro strumento melodico il pentagramma non ci serve affatto.

Trascorrere le poche ore disponibili per la musica parlando delle note, delle caratteristiche del suono, del numero di righe del pentagramma serve solo ad una cosa: annoiare i bambini.

La musica è gioia, divertimento, canto e ritmo. E non serve leggere il pentagramma per fare tutto ciò: basta mettere la musica e seguire l'istinto. Tutto il resto verrà di conseguenza, ma non fate l'errore di partire dalla teoria per approdare alla pratica: partite dalla pratica, sarà essa a suggerirvi di quali argomenti teorici avrete bisogno.

Imparerò a leggere i pallini quando ne avrò bisogno per fare ciò che non riesco a fare solo con l'ascolto e l'imitazione; imparerò a leggere il pentagramma quando avrò voglia di cimentarmi con uno strumento melodico perché l'attività ritmica l'ho già esplorata a sufficienza; imparerò a fare le scale sul pianoforte quando il metallofono sarà ormai insufficiente per esprimere la mia musicalità.

Il pentagramma è uno strumento, e tutti gli strumenti sono al servizio dell'uomo: li usiamo quando ci servono, li riponiamo quando non ne abbiamo bisogno.

Ed i personaggi?

In Suoni e Silenzi incontrerai anche personaggi come Rocco il Cocco, Luana la Banana e Gedeone il Peperone; loro hanno il compito, importantissimo, di fare da guida per i bambini attraverso i giochi, le canzoni e le storie che serviranno a praticare la musica.

Il potere di questi personaggi ha trasceso completamente la mia immaginazione. Quando li ho inventati, molti anni fa, non avrei mai immaginato di vedere un giorno maestre in giro per tutta l'Italia fare musica con una palla di polistirolo travestita da cocco...eppure è successo!

Introduzione

Ho visto classi intere con la maglietta di Rocco il Cocco, diplomi con Rocco il Cocco, regali di fine anno a forma di bebè di cocco; Rocchi di pongo, di pasta di sale, di legno e di creta.

Sono felicissimo di questo inattesto sviluppo, perché dimostra quello che ti ho detto all'inizio: le buone idee appartengono a tutti!

Indipendentemente dall'età dei tuoi bambini io ti consiglio di presentarli sempre, ti stupirai di vedere come anche nelle classi più grandi ci sia ancora spazio per questi giochi infantili.

Non basta infatti avere i mezzi per fare musica: serve anche un motivo! Se la maestra ti chiede di suonare un tamburo magari non ti va, se invece te lo chiede Rocco il Cocco, come puoi rifiutare?

In conclusione

Suoni e Silenzi è un codice semplice, per fare cose semplici. Se vuoi cantare e fare body percussion in 4/4 andrà benissimo, e probabilmente non ti servirà altro. Se vorrai esplorare uno strumento melodico, scoprire i ritmi ternari e sincopati, sicuramente avrai bisogno di altro. Non avrebbe senso forzare questo strumento laddove non potrebbe arrivare.

Per un pomeriggio al parco bastano un paio di sandali, per scalare una vetta serviranno gli scarponi. Mai fare il contrario! E ricorda sempre che la musica si fa con la musica! I simboli servono a descrivere i suoni, non fissarti solo sui pallini senza accompagnarli sempre alle musiche che ti propongo!

L'apprendimento della musica passa attraverso una continua sinergia tra voce, corpo e strumento. Tutti e tre questi aspetti vanno curati in modo equilibrato affinchè lo sviluppo musicale sia completo.

Con Suoni e Silenzi faremo tutte queste cose: cantando, ballando e suonando gli strumenti impareremo la musica senza nemmeno accorgercene, in modo facile e divertente!

Dunque non mi resta altro che augurarti...buon divertimento!

Indicazioni per insegnanti

Nelle pagine precedenti ho cercato di spiegare l'essenziale, sia ad uso dei bambini che degli adulti.

Ora vorrei spendere ancora poche righe destinate a chi vorrà, con questo libro, strutturare un percorso didattico nella propria classe.

Lo scopo di questo progetto è quello di portare la musica a tutti i bambini, in modo facile e divertente, anche laddove non vi fossero adulti musicalmente preparati.
Il mio sforzo infatti è quello di creare attività facili, divertenti e coinvolgenti, che tutti possano realizzare con un po' di passione e buona volontà.

Per seguire tutte le attività che pubblico, le iniziative per insegnanti e bambini, la formazione e tanto altro vi basta venire a trovarmi sul mio sito www.liberoiannuzzi.com e su tutte le pagine social che portano il nome Maestro Libero.

Suoni e Silenzi: il progetto didattico

In questo libro troverai tantissimi spunti pratici per fare musica con i tuoi bambini, in tanti modi.

Alcune attività sono molto strutturate, altre sono degli spunti da ampliare seguendo la tua fantasia ed assecondando i desideri dei tuoi bimbi.

Tutte le indicazioni dettagliate sui contenuti le trovi nelle primissime pagine dell'introduzione, di seguito ti presenterò il progetto completo con la programmazione dettagliata da 8UDA

Come ho già detto, ma non mi stancherò mai di ripetere, il contatto online è il modo migliore per non perdersi, per rimanere aggiornati, per scambiarsi suggerimenti. Ti aspetto sul mio sito e sulle mie pagine social!
Buon lavoro!

Introduzione

Progetto Suoni e Silenzi®
Il solfeggio più facile del mondo!

DESTINATARI	Classi di scuola d'infanzia (fino alla UDA 4) Classi 1° 2° e 3° di scuola primaria Classi 4° e 5° di scuola primaria (dalla uda 5 in poi, da proseguire con i testi successivi)
DURATA e SVOLGIMENTO	La programmazione SUONI E SILENZI allegata al progetto è composta da 8 UDA da 4 lezioni circa (a seconda dell'età e del livello dei bambini) mutuabili sia in presenza che in DaD Una volta acquisite le basi del Metodo Suoni e Silenzi® potrete applicarlo a tantissimi brani musicali contenuti nei successivi testi: • LE QUATTRO STAGIONI (3-8 anni) • SAGGIO DI NATALE (3-11 anni) • PICCOLA ORCHESTRA (6-11 anni) • TUTTI ALLA CHITARRA (5-10 anni) e tutti gli altri libri prossimamente disponibili su www.liberoiannuzzi.com
TRAGUARDI PER LO SVILUPPO DELLE COMPETENZE	**INFANZIA** • Scopre il paesaggio sonoro attraverso attività di percezione e produzione musicale utilizzando voce, corpo e oggetti. • Sperimenta e combina elementi musicali di base, producendo semplici sequenze sonoro-musicali. **PRIMARIA** • Esplora diverse possibilità espressive della voce, di oggetti sonori e strumenti musicali, imparando ad ascoltare se stesso e gli altri • Esegue, da solo e in gruppo, semplici brani vocali o strumentali, appartenenti a generi e culture differenti, utilizzando anche strumenti didattici e auto-costruiti. • Riconosce gli elementi costitutivi di un semplice brano musicale.
METODOLOGIA	Lezione frontale Lezione in cerchio Giochi collettivi Esercitazioni individuali sul quaderno
STRATEGIE PER BES	Utilizzo della LIM e di supporto digitali per DSA con difficoltà di lettura. Predilezione di attività pratiche piuttosto che grafiche Proiezione di video animati per massimizzare l'attenzione

Introduzione

OBIETTIVI DI APPRENDIMENTO	**Scuola d'infanzia** Sviluppare il linguaggio attraverso la sillabazione ritmica Sviluppare la coordinazione motoria Riconoscere la pulsazione **Classe 1° primaria** Discriminare i suoni in base all'intensità Sperimentare la distinzione tra Suoni e Silenzi attraverso attività pratiche Produrre suoni con il corpo e gli oggetti **Classe 2° primaria** Discriminare i suoni in base alla durata Classificare i suoni, i silenzi, i rumori Riprodurre ritmi scritti con forme di notazione analogiche Coordinare il movimento con la musica **Classe 3° primaria** Leggere, interpretare e riprodurre la notazione analogica Eseguire canti corali coordinandoli con il movimento corporeo Accompagnare brani musicali con lo strumentario ritmico **Classe 4° primaria** Riconoscere ritmi già conosciuti all'interno di brani musicali celebri Riconoscere i simboli della notazione convenzionale (note e pause) Eseguire brani vocali coordinandoli con la body percussion **Classe 5° primaria** Classificare gli strumenti musicali in famiglie (fiati-archi-percussioni...) Fare uso della notazione musicale convenzionale (note in pentagramma) Improvvisare sequenze ritmiche con la voce, il corpo e lo strumento Conoscere il ruolo della musica nella storia delle civiltà
MATERIALI RICHIESTI	**Materiali necessari:** • Il libro Suoni e Silenzi • Il Kit Plus - Suoni e Silenzi • uno strumentario ritmico • uno stereo con mp3/bluetooth **Materiali consigliati:** • la visione del "Videocorso Suoni e Silenzi" per Insegnanti • l'utilizzo della app "Il Pallinatore" La programmazione può essere affiancate e seguita dai successivi testi: • LE QUATTRO STAGIONI (3-8 anni) • SAGGIO DI NATALE (3-11 anni) • PICCOLA ORCHESTRA (6-11 anni) • TUTTI ALLA CHITARRA (5-10 anni) e tutti gli altri libri prossimamente disponibili su www.liberoiannuzzi.com

Introduzione

Programmazione da 8 UDA

Molte delle attività presentate in questa programmazione puoi comprenderle meglio attraverso la visione del Videocorso Suoni e Silenzi.

Unità di Apprendimento n. 1

- Rocco il Cocco - presentiamo ai bambini il personaggio che li accompagnerà in tutta l'avventura con la musica
- La storia dei pallini - Introduciamo i bimbi nel mondo del solfeggio a pallini attraverso questa storia, riportata nel primo capitolo del libro Suoni e Silenzi.
- Costruiamo i pallini - costruiamo quattro grandi tessere dei pallini insieme ai bambini per comporre i ritmi che preferiamo.
- La casetta dei pallini - affrontiamo l'attività contenuta nella scheda operativa a fine capitolo, invitando i bambini a comporre la propria famiglia di pallini. Possiamo anche costruire una grande casa con un foglio A3 ed inserirci le flashcards che troviamo nel Kit Plus - Suoni e Silenz
- Compongo io! - con le flash cards contenute nel Kit Plus - Suoni e Silenzi, ogni bambino potrà costruire e successivamente leggere il proprio ritmo.
- Esercizi di Rocco 1-8 - svolgiamo gli esercizi del capitolo 1 del libro con l'ausilio delle basi musicali, utilizzando un cartellone o la LIM per seguire tutti insieme la pagina.
- La distinzione tra suoni e silenzi - leggiamo la spiegazione contenuta nel primo capitolo del libro Suoni e Silenzi e chiediamo ai bambini di svolgere le attività nelle successive due schede operative
- Suoni e silenzi : cartellone - chiediamo ai bambini di portare da casa delle immagini (ritagliate da riviste o stampate da internet) raffiguranti suoni o silenzi; incolliamo le immagini su un gran cartellone da appendere in classe.
- Verifica - componiamo dei ritmi con Il Pallinatore o con le flash card del Kit Plus - Suoni e Silenzi e facciamoli leggere ai bambini, tutti insieme.
-

Unità di Apprendimento n. 2

- Con il mio corpo...rock n' roll! - Eseguiamo questo facile brano contenuto all'interno del libro, anche con l'ausilio delle schede illustrate contenute nel Kit Plus - Suoni e Silenzi.
- Gedeone il peperone - presentiamo il personaggio e svolgiamo gli esercizi del capitolo 2 del libro Suoni

e Silenzi con l'ausilio delle basi musicali, utilizzando un cartellone o la LIM per seguire tutti insieme la pagina.

- La carta del PO-O - stampiamo la carta contenuta nel Kit Plus - Suoni e Silenzi per aggiungerla alle altre e comporre nuovi ritmi
- La scuola dei pallini - svolgiamo l'attività contenuta in questa scheda operativa nel capitolo 2 del libro Suoni e Silenzi. Ogni bambino dovrà leggere o suonare quello che ha scritto.
- La distinzione tra suoni forti e deboli - leggiamo la spiegazione contenuta nel secondo capitolo del libro Suoni e Silenzi e chiediamo ai bambini di svolgere le attività nelle successive due schede operative
- Forte e piano : cartellone - chiediamo ai bambini di portare da casa delle immagini (ritagliate da riviste o stampate da internet) raffiguranti suoni forti o deboli; incolliamo le immagini su un gran cartellone da appendere in classe.
- Verifica - Componiamo dei ritmi contenenti anche il nuovo simbolo con le flash card del Kit Plus - Suoni e Silenzi e facciamoli leggere ai bambini, tutti insieme.

Unità di Apprendimento n. 3

- Luana la banana - presentiamo il personaggio e svolgiamo i primi 4 esercizi del libro con le basi musicali, utilizzando un cartellone o la LIM per seguire tutti insieme la pagina.
- Arrivano i gemellini! - scopriamo insieme il nuovo simbolo contenuto nel capitolo 3 del libro Suoni e Silenzi
- Pallino rock - cantiamo questa semplice e divertente canzone contenuta nel libro, suonando i ritornelli con le mani il corpo o gli strumenti
- La distinzione tra suoni belli e brutti (rumori)- leggiamo la spiegazione contenuta nel terzo capitolo del libro Suoni e Silenzi e chiediamo ai bambini di svolgere le attività nelle successive due schede operative
- Suoni e rumori : cartellone - chiediamo ai bambini di portare da casa delle immagini (ritagliate da riviste o stampate da internet) raffiguranti suoni o rumori; incolliamo le immagini su un gran cartellone da appendere in classe.
- Il condominio dei pallini - svolgiamo l'attività contenuta in questa scheda operativa nel capitolo 3 del libro Suoni e Silenzi. Ogni bambino dovrà leggere o suonare quello che ha scritto.
- Verifica - componiamo dei ritmi con il nuovo simbolo utilizzando Il Pallinatore o con le flash card del Kit Plus - Suoni e Silenzi e facciamoli leggere ai bambini, tutti insieme.

Unità di Apprendimento n. 4

- Le case dei pallini - stampiamo le casette dei pallini contenute nel Kit Plus - Suoni e Silenzi su dei fogli di cartoncino colorato, e facciamole pescare casualmente ai bambini. Leggiamole tutti insieme.

- Un quartiere di pallini - Utilizziamo le casette colorate disponendole una di seguito all'altra per formare una lunga fila, da leggere tutta d'un fiato. Il numero massimo di casette dipende dall'età dei bambini.

- A me piace imparare a suonare - cantiamo e suoniamo questa facile canzone, contenuta nel capitolo 4 del libro, nella quale i bambini dovranno ripetere i ritmi cantati.

- Suoni lunghi e corti - spieghiamo la differenza tra suoni lunghi e suoni corti, aiutandoci con esempi di vita quotidiana

- Suoni lunghi e corti: cartellone - chiediamo ai bambini di portare da casa delle immagini (ritagliate da riviste o stampate da internet) raffiguranti lunghi o corti; incolliamo le immagini su un gran cartellone da appendere in classe.

- Verifica - chiamiamo un bambino alla volta e chiediamogli di comporre un ritmo con i simboli che abbiamo imparato. Facciamolo leggere prima a lui da solo, poi a tutta la classe insieme.

Unità di Apprendimento n. 5

A partire da questa UDA ti consiglio di affiancare un'altro dei miei testi, per arricchire il repertorio.

- I palazzi dei pallini - stampiamo le casette dei pallini contenute nel Kit Plus Suoni e Silenzi, sovrapponiamone due o più di due per ottenere una pagina da più righe e facciamola leggere ai bambini, prima solo con la voce, poi con le basi di batteria contenute nel libro Suoni e Silenzi.

- A me piace imparare a suonare (in squadre)- riproponiamo questa canzone contenuta nel libro Suoni e Silenzi, eseguendola in due squadre, una che "propone" il ritmo e l'altra che le fa eco. Possiamo anche utilizzare la base senza voce ed inventare i ritmi che preferiamo.

- Proviamo a ricostruire i ritmi con le carte dei pallini o le casette dei pallini.

- Il percorso dei pallini - con delle strisce 30x120cm ritagliate da una tovaglia di plastica costruiamo un percorso a terra. Disegniamo dei grandi pallini (30x30 cm) e chiediamo ai bambini di camminarci sopra seguendo il tempo e declamando il ritmo ad alta voce.

- Verfica - chiamiamo i bambini uno alla volta, componiamo un ritmo davanti a loro (con il Pallinatore o le flash cards contenute nel Kit Plus - Suoni e Silenzi) e chiediamo loro di leggerlo.

Unità di Apprendimento n. 6

- Pallino Rap - componiamo un ritmo con le casette dei pallini contenute nel Kit Plus - Suoni e Silenzi e leggiamolo. Con le basi di batteria contenute nel libro Suoni e Silenzi leggiamo il ritmo e proviamo ad inventare delle parole per accompagnare la nostra composizione.
- La gara dei pallini - costruiamo una pista dove disporremo due o più parti del corpo su più righe. Posizioniamo diversi ritmi e suoniamoli con le varie parti del corpo.
- Verifica - l'insegnante compone un ritmo ed ogni bambino, con le proprie carte, lo dovrà riprodurre il più velocemente possibile. Vince il primo che riesce a comporre correttamente il ritmo, ed eseguirlo.

Unità di Apprendimento n. 7

- Gli altri ritmi - impariamo l'ultimo simbolo che ci rimane, ed eseguiamo tutti gli esercizi del capitolo 4 del libro con l'ausilio delle basi.
- Un pallino per l'estate - cantiamo questa semplice e divertente canzone, contenuta nel libro, interpretandola con la voce, la body percussion o gli strumenti.
- Suoni alla griglia - svolgiamo questa attività contenuta nel capitolo 4 del libro Suoni e Silenzi
- Verifica - invitiamo i bambini a scrivere il proprio ritmo utilizzando le schede bianche alla fine del 4° capitolo. Ogni bambino dovrà leggere il proprio ritmo a tempo, utilizzando le basi di batteria contenute nel libro Suoni e Silenzi.
-

Unità di Apprendimento n. 8

- Il quadrato magico - Creiamo un grande cartellone da 16 riquadri dove scriveremo i nostri ritmi, da leggere con i bambini. Ruotando il cartellone di 90 gradi verranno fuori combinazioni sempre diverse.
- Utilizzando le carte della body percussion o degli strumenti contenute nel Kit Plus - Suoni e Silenzi, accostiamo ogni carta ad una delle 4 righe del quadrato magico, e suoniamolo tutto. Ogni riga andrà suonata con lo strumento, o la parte del corpo, raffigurate nella carta che la precede.
- Pallino rap 2 - continuiamo l'attività illustrata nella UDA 6, aggiungendo i nuovi simboli che abbiamo imparato.
- Verifica - suoniamo dei brevi ritmi da 4 tempi, senza verbalizzarli. I bambini dovranno tradurre quello che abbiamo suonato con il linguaggio Suoni e Silenzi, e successivamente trascriverlo.
- Verifica - Dopo aver dato il via a tempo, estraiamo una striscia colorata che i bambini dovranno leggere subito, a prima vista e a tempo.

Introduzione

Il saggio finale

A conclusione del percorso potrete organizzare un piccolo saggio finale, sia in forma di concerto che di video registrato, eseguendo i brani del libro che sono piaciuti di più ai bambini accompagnati da esercizi scelti dal libro per mostrare la progressione effettuata.

Una volta acquisite le basi del Metodo Suoni e Silenzi® potrete applicarlo a tantissimi brani musicali contenuti nei successivi testi:

- LE QUATTRO STAGIONI (3-8 anni)
- SAGGIO DI NATALE (3-11 anni)
- PICCOLA ORCHESTRA (6-11 anni)
- TUTTI ALLA CHITARRA (5-10 anni)

e tutti gli altri libri prossimamente disponibili sul sito www.liberoiannuzzi.com

Ancora qualche consiglio...

Molte delle cose che ho scritto sono il frutto dell'esperienza fatta con i bambini e delle testimonianze delle decine di migliaia di insegnanti che usano questo libro ormai da diversi anni.

Per rimanere aggiornati è indispensabile seguire il mio sito e le mie pagine social, perchè di idee me ne vengono continuamente...
Ti lascio solo un paio di suggerimenti ancora:

La musica si fa con le orecchie!
Non dimenticate di usare sempre le basi musicali ed i video animati del libro, altrimenti non starete veramente imparando la musica! La lettoscrittura musicale serve da aiuto, ma non è il fine ultimo di questo percorso.

Lasciati sorprendere!
Il programma che ho stilato è una guida, ma non devi seguirlo in modo rigido: lasciati sorprendere dai tuoi bambini, fatti ispirare dal momento, e ricorda che chi si diverte impara due volte!

Prima la pratica, poi la teoria!
Tutto quello che ti ho detto finora resta fra me e te, ma ai tuoi bambini non interesserà sicuramente: loro vorranno suonare, cantare, ballare e divertirsi.
Non li annoiare con lunghe spiegazioni sui suoni, sulle note, sul pentagramma...falli cantare e suonare subito! Per le spiegazioni c'è sempre tempo.

L'unione fa la forza!
Ormai sono tantissimi gli insegnanti ed i genitori che mi seguono e mettono in pratica le mie attività. Dal confronto con tutti loro sicuramente potrai trovare aiuto ed ispirazione. Io stesso mi stupisco ogni giorno di quante cose hanno inventato tutti questi colleghi, che io non avrei mai immaginato!
Ti aspettiamo nella community!

Maestro Libero

Capitolo 1

Rocco il Cocco

*La formula magica di Rocco - Pallini e crocette - Suoni e Silenzi -
La storia dei Pallini - Con il mio corpo Rock n' Roll*

Capitolo 1 - Rocco il Cocco

Ciao!
Io sono Rocco il Cocco,
il mago della musica!

CONOSCO UNA FORMULA MAGICA PER IMPARARE LA MUSICA IN MODO FACILE E DIVERTENTE!

RIPETI INSIEME A ME:

UN	BEL	COC-	CO
TUT-	TO	BIAN-	CO
SE	NE	STA-	VA
IN	UN	TU-	BO

ADESSO RIPROVIAMOCI, SEGUENDO ANCHE I VIDEO CHE HO PREPARATO.

Basi e video online!
scannerizza il codice o digita
https://suoniesilenzi.link/club
Non hai effettuato la registrazione? Segui le indicazioni a pagina 1 del libro!

Perfetto!
Puoi anche usare questi disegni per ricordarti le parole!

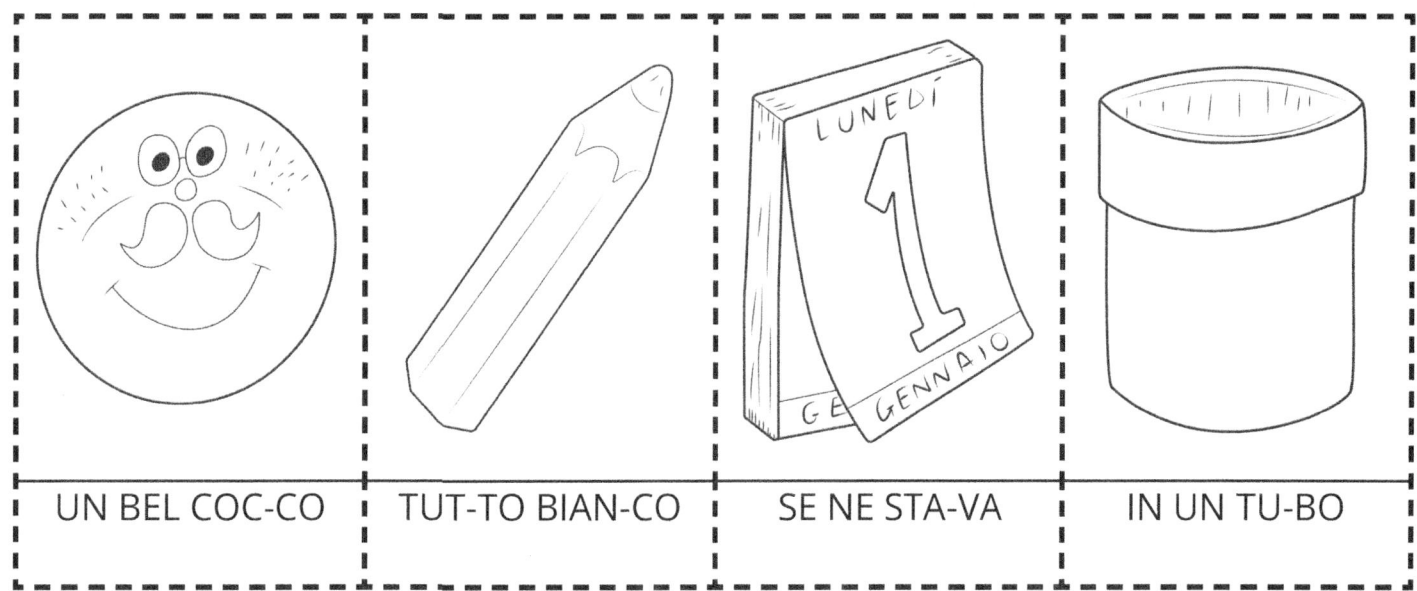

| UN BEL COC-CO | TUT-TO BIAN-CO | SE NE STA-VA | IN UN TU-BO |

AD OGNI IMMAGINE CORRISPONDE UN PEZZETTO DELLA MIA CANZONE...PUOI ANCHE RITAGLIARLE E MESCOLARLE, PER INVENTARE UNA NUOVA CANZONE!

PROVA TUTTE LE VOLTE CHE VUOI, NELLE PROSSIME PAGINE TI INSEGNERÒ A SUONARE QUESTA CANZONE CON DEI SIMBOLI SPECIALI!

Capitolo 1 - Rocco il Cocco

Bene!
Siamo pronti per conoscere i miei famosissimi pallini...

GUARDA LA PAGINA QUI A FIANCO

OGNI **PALLINO** È UN SUONO E SI LEGGE **PA**

OGNI **CROCETTA** È UN SILENZIO, E SI LEGGE **SH**

LEGGI TUTTA LA PAGINA LENTAMENTE, TOCCANDO CON IL TUO DITO OGNI SIMBOLO.

RICORDA CHE ALLA FINE DELLA RIGA DEVI ANDARE A CAPO!

SE ASCOLTI LA BASE MUSICALE SONO SICURO CHE CAPIRAI ANCORA MEGLIO...SE POI GUARDI IL VIDEO SARÀ FACILISSIMO FARE TUTTI GLI ESERCIZI!

Basi e video online!
scannerizza il codice o digita
https://suoniesilenzi.link/club
Non hai effettuato la registrazione? Segui le indicazioni a pagina 1 del libro!

Esercizio n.1

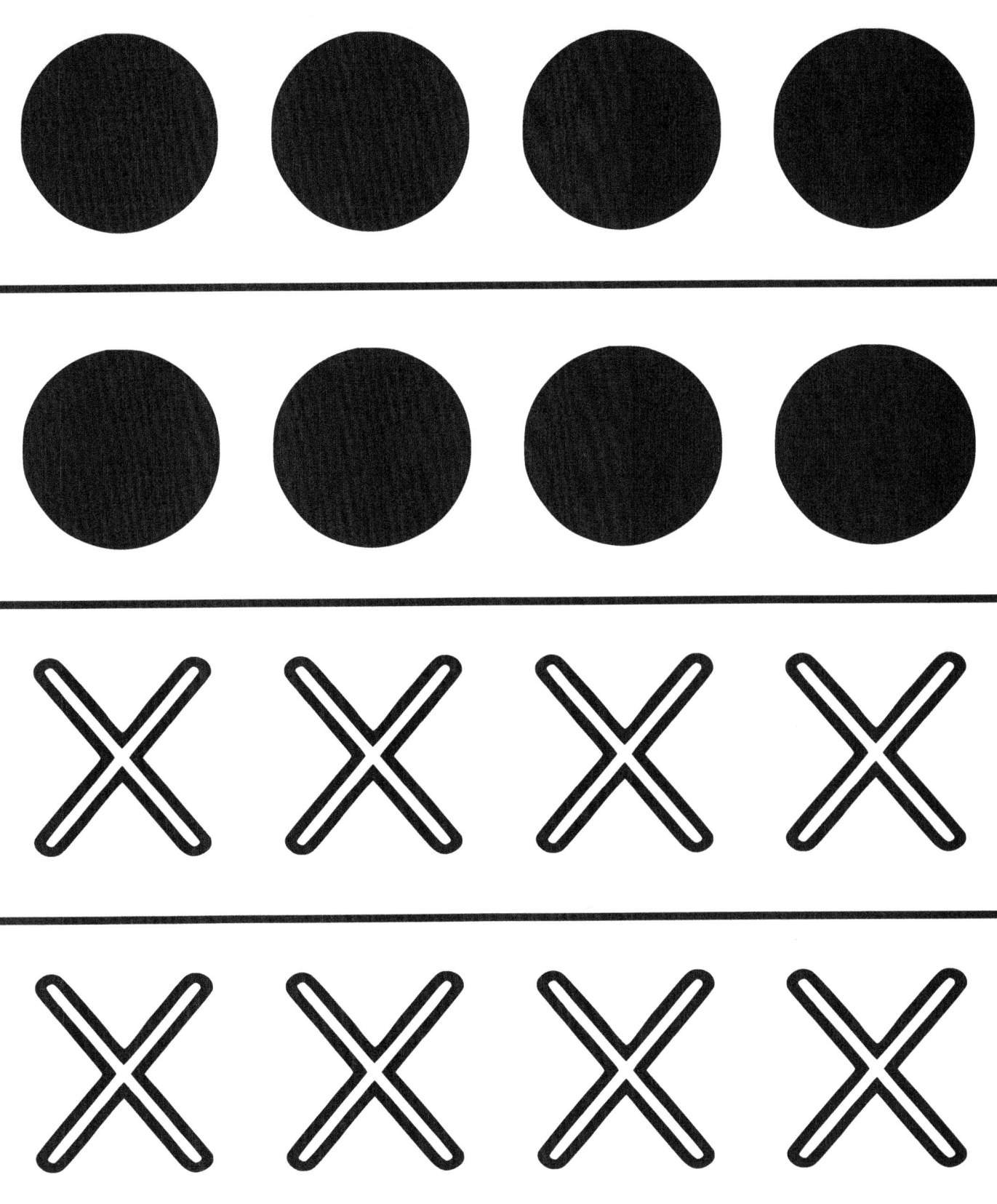

Esercizio n.2

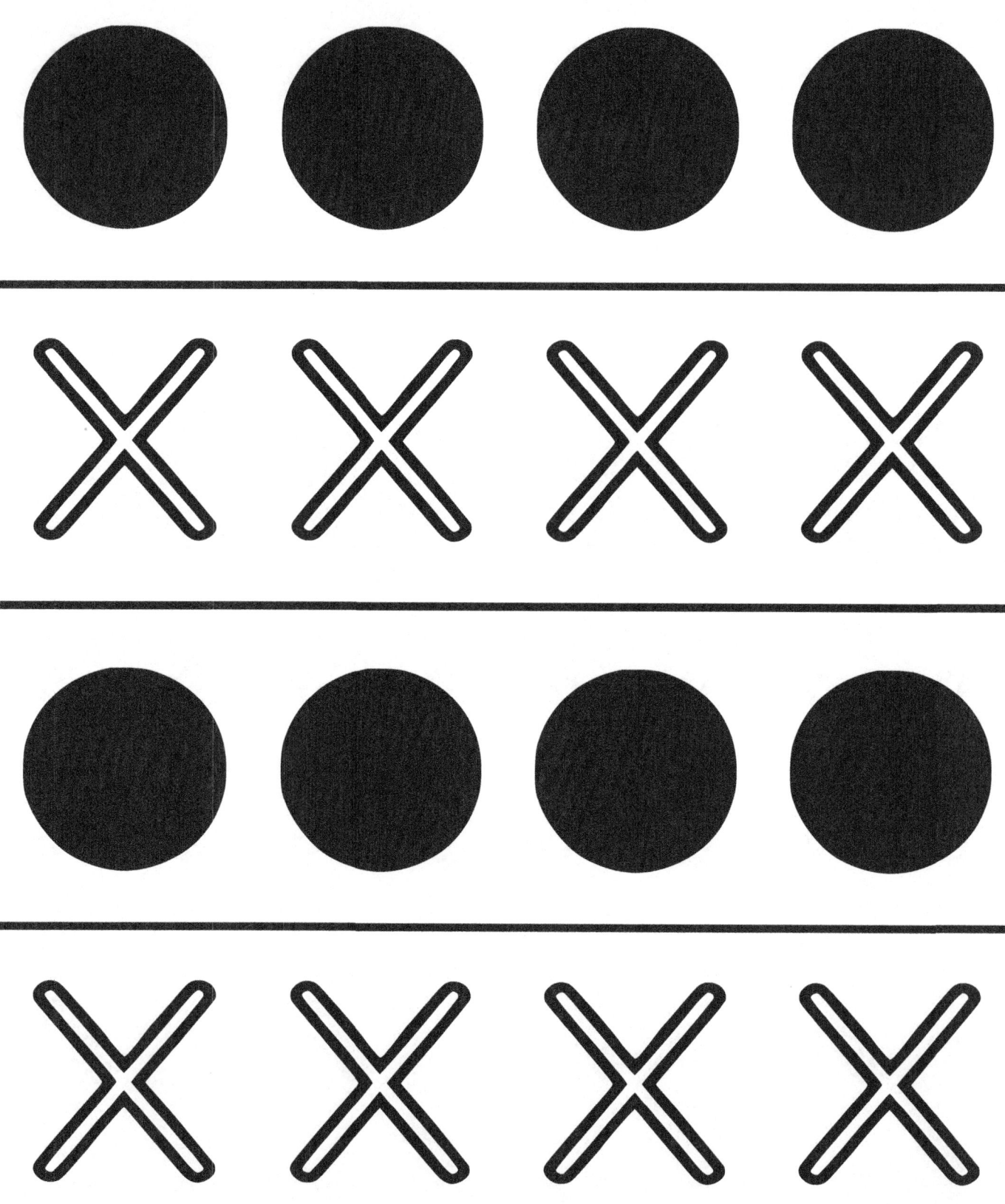

Esercizio n.3

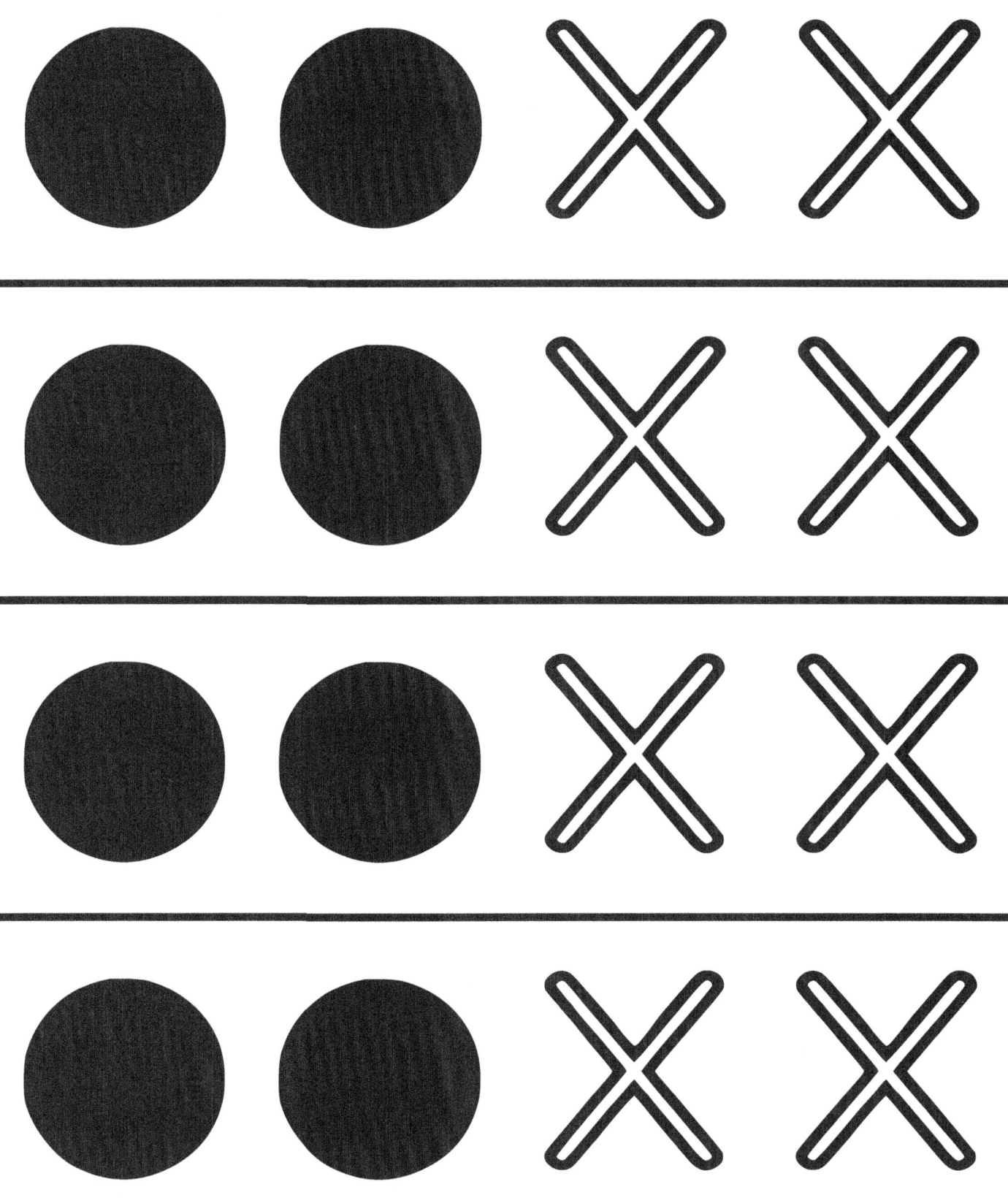

Capitolo 1 - Rocco il Cocco

Esercizio n.4

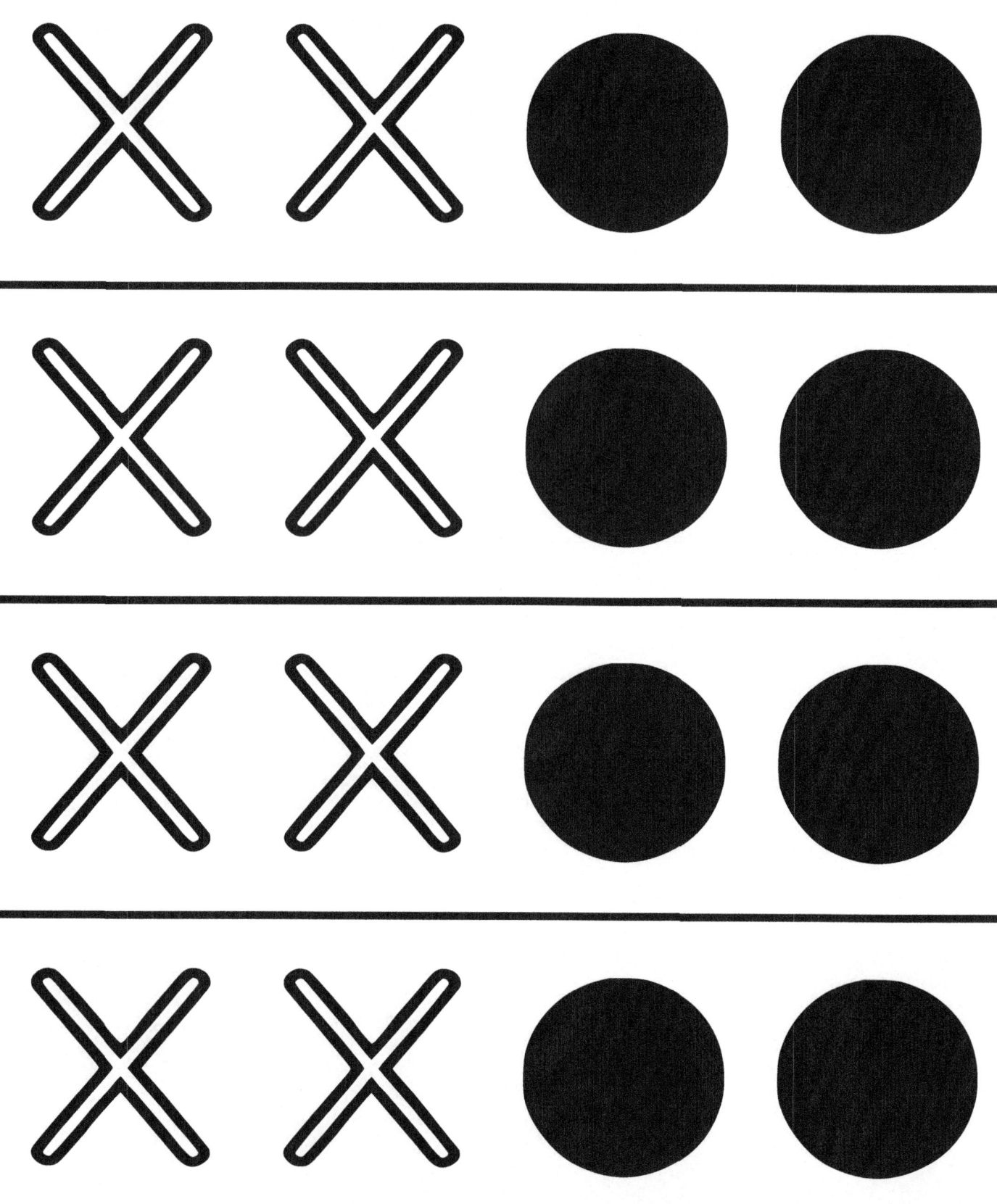

Suoni e Silenzi — Maestro Libero

Esercizio n.5

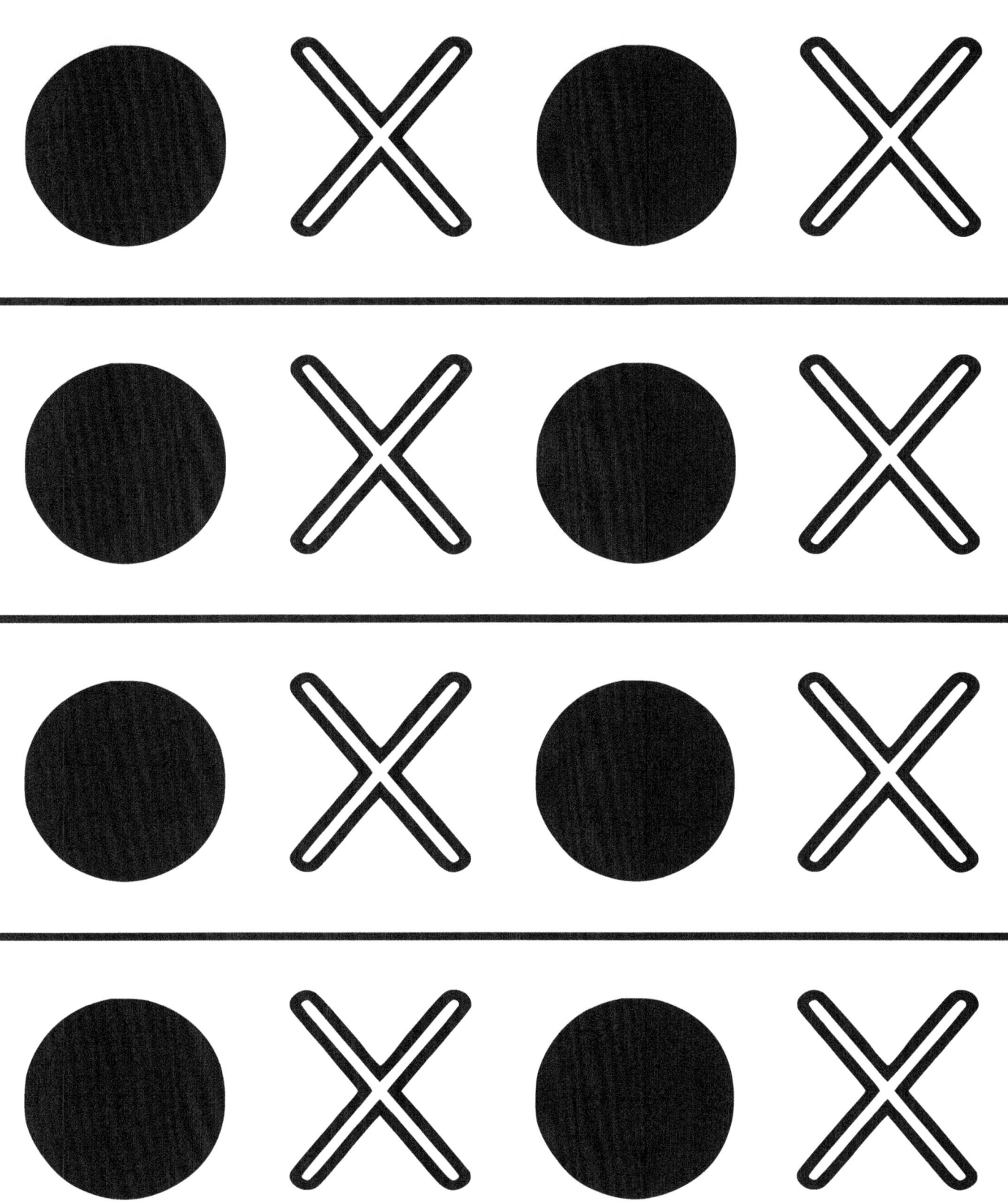

Esercizio n.6

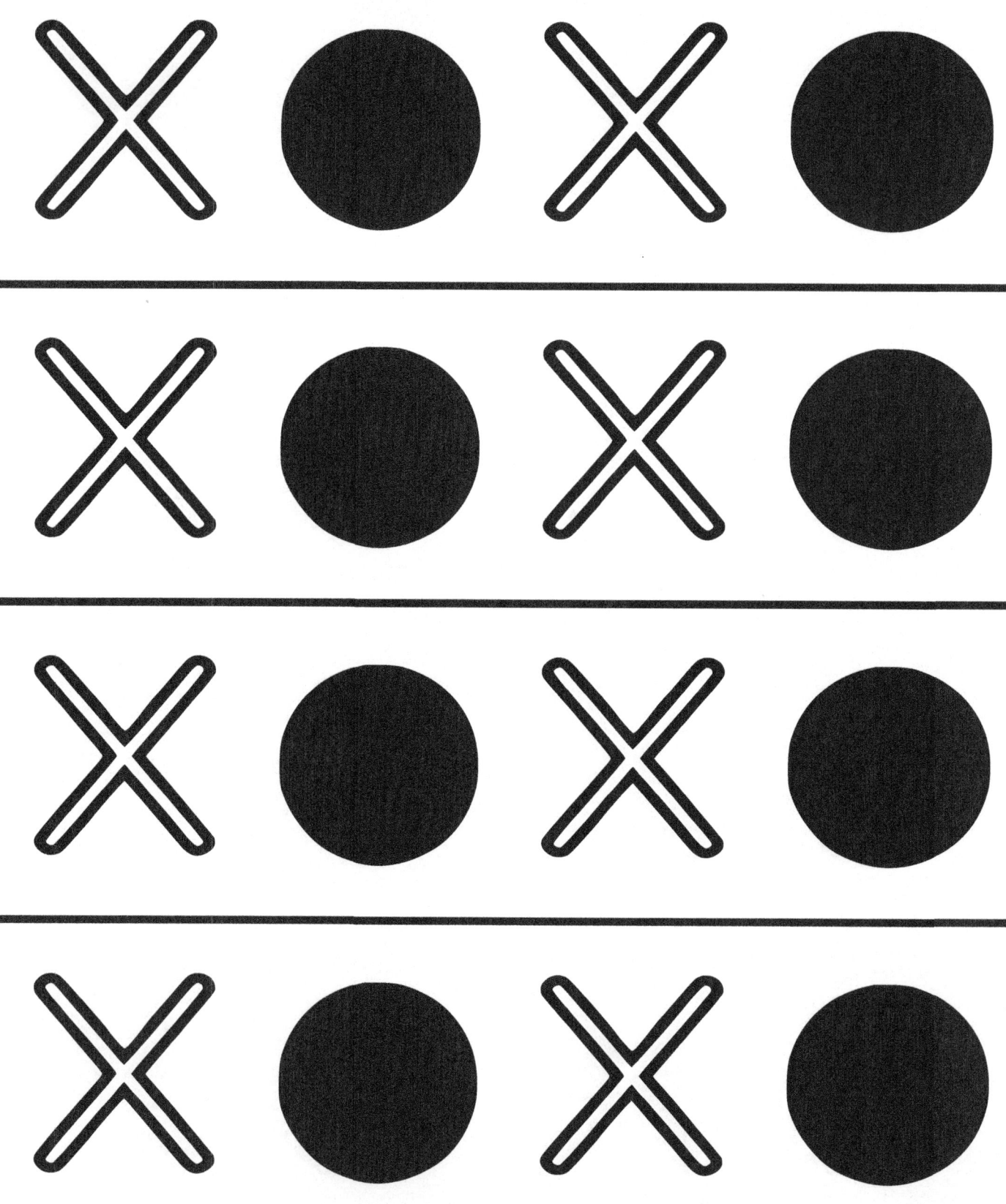

Capitolo 1 - Rocco il Cocco

Esercizio n.7

Suoni e Silenzi   Maestro Libero

Esercizio n.8

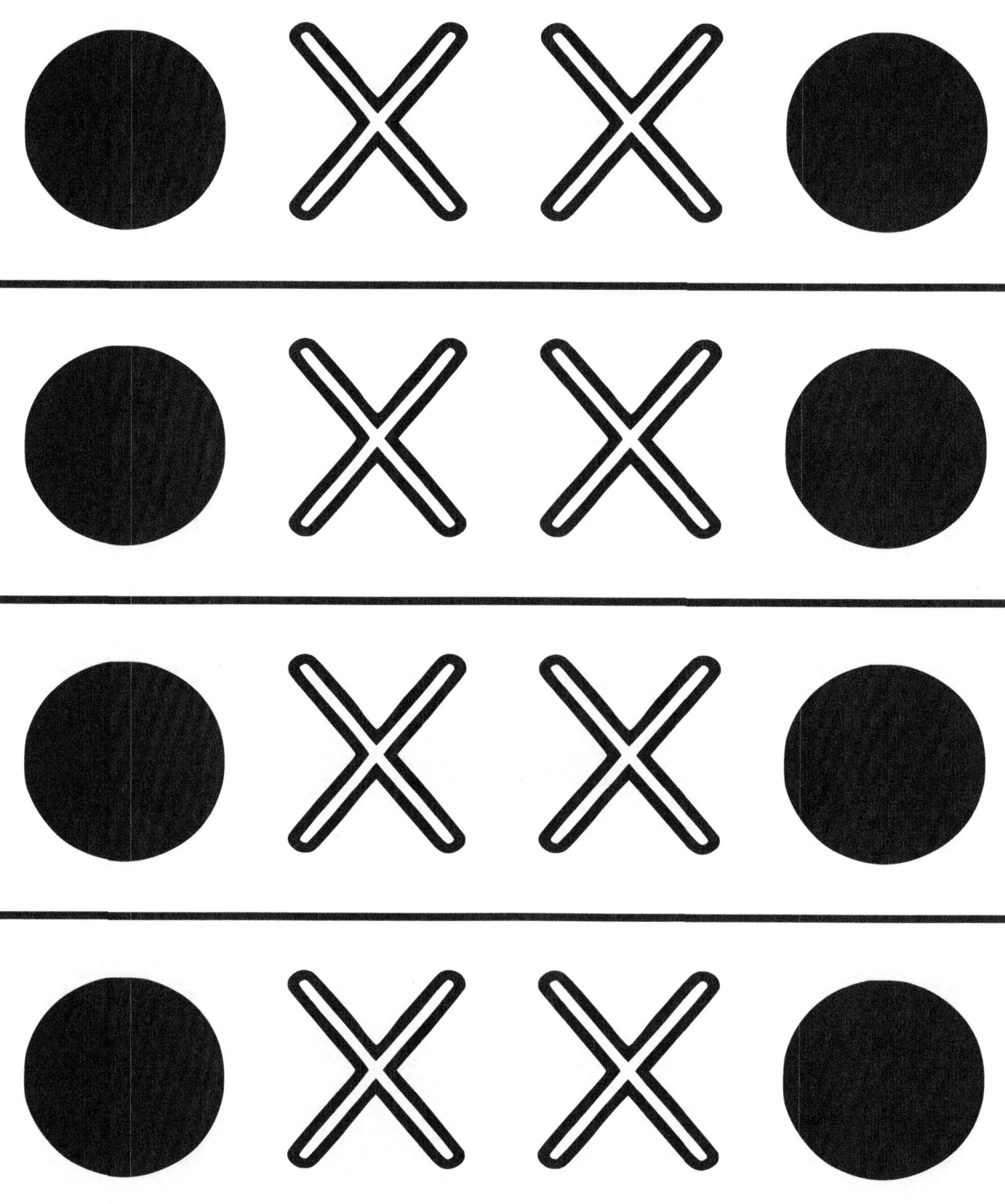

Sai cosa si intende per Suoni e Silenzi?

I **SUONI** CHE CI CIRCONDANO NASCONO DALLE **ONDE SONORE**...

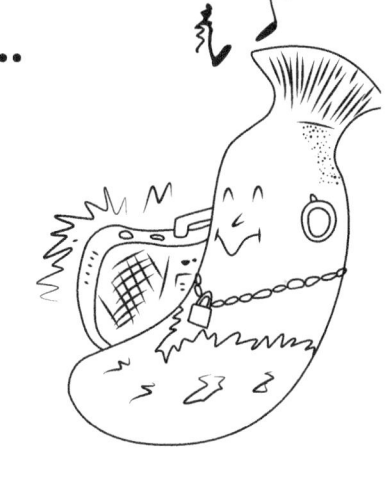

LE ONDE SONORE SONO **INVISIBILI**, E PORTANO I SUONI FINO ALLE TUE ORECCHIE...

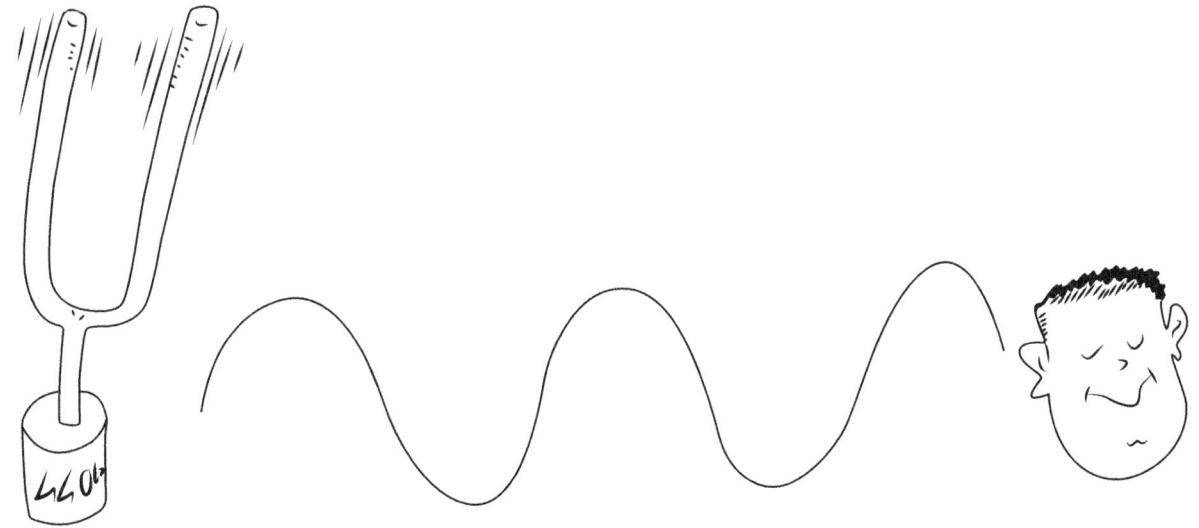

I **SILENZI** INVECE NON HANNO NESSUNA ONDA SONORA!

SCRIVI O DISEGNA I SUONI ED I SILENZI CHE CONOSCI

Suoni

Silenzi

Capitolo 1 - Rocco il Cocco

Suoni e Silenzi

COLORA DI AZZURRO I SUONI E DI ARANCIONE I SILENZI

Capitolo 1 - Rocco il Cocco

La storia dei pallini

C'era una volta un pallino, tutto tondo e nero, che si chiamava PA:

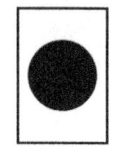

● *Leggiamo insieme: PA*

Dopo qualche anno PA ebbe un fratellino. Anche lui era un pallino nero, e anche lui si chiamava PA:

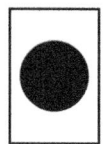

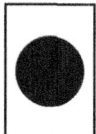

● ● *Leggiamo insieme: PA PA*

Passò qualche anno e nacque il terzo fratellino. Anche lui era un pallino nero, ed anche lui si chiamava PA:

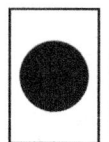

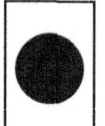

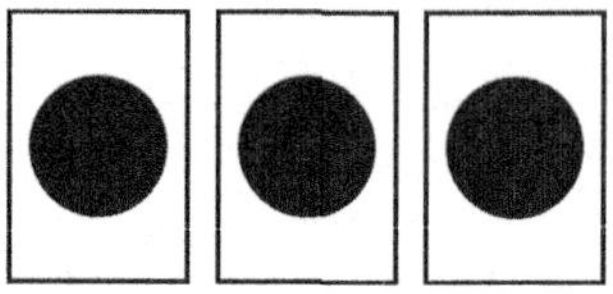

● ● ● *Leggiamo insieme: PA PA PA*

Alla fine arrivò anche il quarto fratellino. Anche lui era un pallino nero, ed anche lui si chiamava PA:

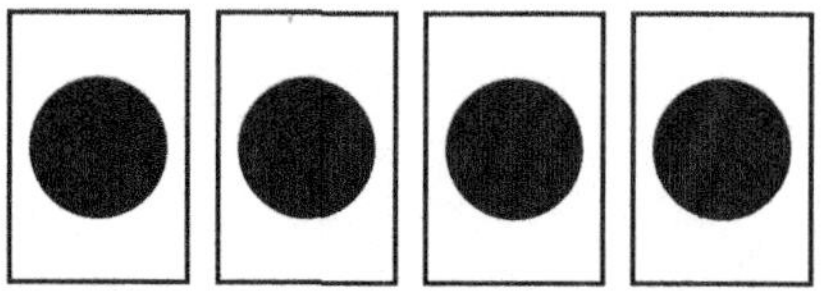

● ● ● ● *Leggiamo insieme: PA PA PA PA*

A volte però, questi pallini litigavano. Capitava allora che il più piccolo si arrabbiava e non voleva più giocare...incrociava le braccia e non parlava più con nessuno:

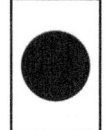

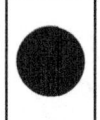

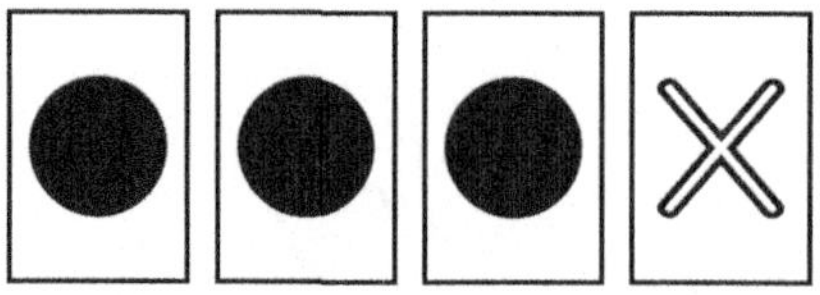

● ● ● ✗ *Leggiamo insieme: PA PA PA SH*

Dopo poco però anche il terzo fratellino si arrabbiò, e come il precedente decise di non giocare più. Incrociò le braccia e anche lui fece solo silenzio:

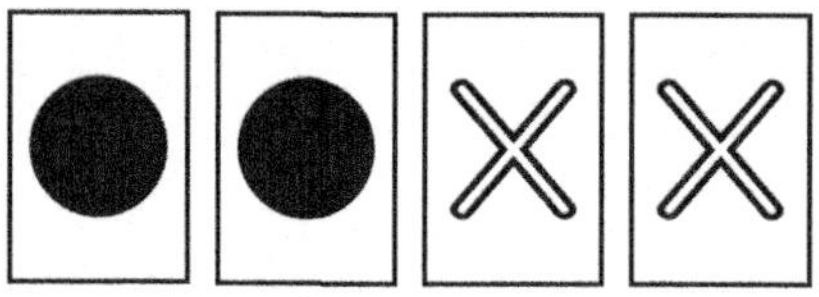

● ● ✗ ✗ *Leggiamo insieme: PA PA SH SH*

Suoni e Silenzi — *Maestro Libero*

Rimasero solo in due a giocare...In due è sicuramente meno divertente che in quattro, e dopo poco il secondo fratello si arrabbiò, lasciandone solo uno a giocare da solo:

⬛ ✗ ✗ ✗   *Leggiamo insieme: PA SH SH SH*

Giocare da soli non è bello e dopo pochissimo tempo anche questo unico fratellino smise di giocare:

✗ ✗ ✗ ✗   *Leggiamo insieme: SH SH SH SH*

E così il più piccolo dei fratellini, il primo che si era arrabbiato, rendendosi conto che la sua arrabbiatura ha contagiato tutti gli altri si pentì, e chiese scusa.

✗ ✗ ✗ ⬛   *Leggiamo insieme: SH SH SH PA*

Dopo poco anche il fratellino accanto a lui si lascia coinvolgere e decide di riprendere il gioco

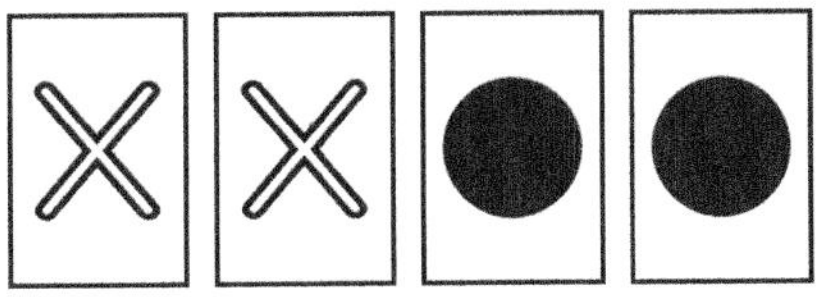

✗ ✗ ⬛ ⬛   *Leggiamo insieme: SH SH PA PA*

Uno alla volta tutti i fratelli rompono il silenzio e ricominciano a giocare più allegri di prima.

✗ ⬛ ⬛ ⬛   *Leggiamo insieme: SH PA PA PA*

Facciamo un applauso ai pallini che hanno fatto pace?

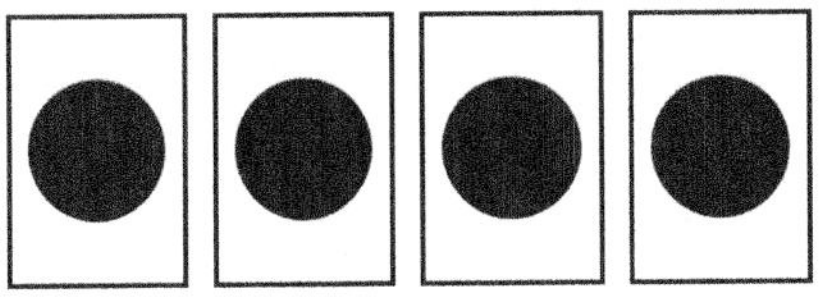

⬛ ⬛ ⬛ ⬛   *Leggiamo insieme: PA PA PA PA*

Capitolo 1 - Rocco il Cocco

La casa dei pallini

NELLA CASA DEI PALLINI CI SONO QUATTRO STANZE, ED IN OGNI STANZA SI PUÒ STARE PER UN SOLO TEMPO

● PA È UN SUONO CHE DURA 1 TEMPO

⊠ SH È UN SILENZIO CHE DURA 1 TEMPO

RIEMPI LA CASETTA CON I SIMBOLI CHE PREFERISCI, MA RICORDA DI RISPETTARE I TEMPI!

Capitolo 1 - Rocco il Cocco

RITAGLIA LUNGO IL TRATTEGGIO ED INCOLLA LA SCHEDA SUL QUADERNO

RITAGLIA LUNGO IL TRATTEGGIO ED INCOLLA LA SCHEDA SUL QUADERNO

Suoni e Silenzi — Maestro Libero

Capitolo 1 - Rocco il Cocco

Canzone di fine capitolo

Ecco una canzone facilissima e divertentissima per mettere subito in pratica quello che abbiamo imparato!

Ascoltala bene con le basi e con il video animato!

Basi e video online!
scannerizza il codice o digita
https://suoniesilenzi.link/club
Non hai effettuato la registrazione? Segui le indicazioni a pagina 1 del libro!

Con il mio corpo...rock' n' roll!

Testo e musica di Libero Iannuzzi

BATTI LE MANI ● ● ●   BATTI NEL PETTO ● ● ●
BATTI UN PIEDE ●   L'ALTRO PIEDE ●
BATTI LE MANI ● ● ●

CON IL MIO CORPO SUONERÒ QUESTA CANZONE ROCK N' ROLL....BABY!

BATTI LE MANI ● ● ●   BATTI LE COSCE ● ● ●
BATTI UN PIEDE ●   L'ALTRO PIEDE ●
BATTI LE MANI ● ● ●

CON IL MIO CORPO SUONERÒ QUESTA CANZONE ROCK N' ROLL....BABY!

BATTI LE MANI ● ● ●   BATTI IL CULETTO ● ● ●
BATTI UN PIEDE ●   L'ALTRO PIEDE ●
BATTI LE MANI ● ● ●

CON IL MIO CORPO SUONERÒ QUESTA CANZONE ROCK N' ROLL....

QUESTA CANZONE ROCK N' ROLL....QUESTA CANZONE ROCK N' ROLL....BABY!

Capitolo 2

Gedeone il Peperone

*Pallini grandi e piccoli - il simbolo POO - Suoni forti e deboli -
La scuola dei pallini*

Suoni e Silenzi   45   *Maestro Libero*

Capitolo 2 - Gedeone il Peperone

Grrr...io mi chiamo **Gedeone**
e sono un gran brontolone...
oggi ti insegnerò
DUE cose, cerca di ascoltare bene!

GUARDA BENE QUI ACCANTO

IL PALLINO **VUOTO** DURA DI PIÙ, SI LEGGE **PO-O**

I PALLINI **GRANDI** SI SUONANO **FORTE**, MENTRE QUELLI **PICCOLI** SI SUONANO **PIANO**

ASCOLTA BENE LA BASE, SARÀ PIÙ FACILE CAPIRE...
POI SUONA TUTTO!

Basi e video online!
scannerizza il codice o digita
https://suoniesilenzi.link/club
Non hai effettuato la registrazione? Segui le indicazioni a pagina 1 del libro!

Capitolo 2 - Gedeone il Peperone

Esercizio n.1

Suoni e Silenzi — Maestro Libero

Capitolo 2 - Gedeone il Peperone

Esercizio n.2

Esercizio n.3

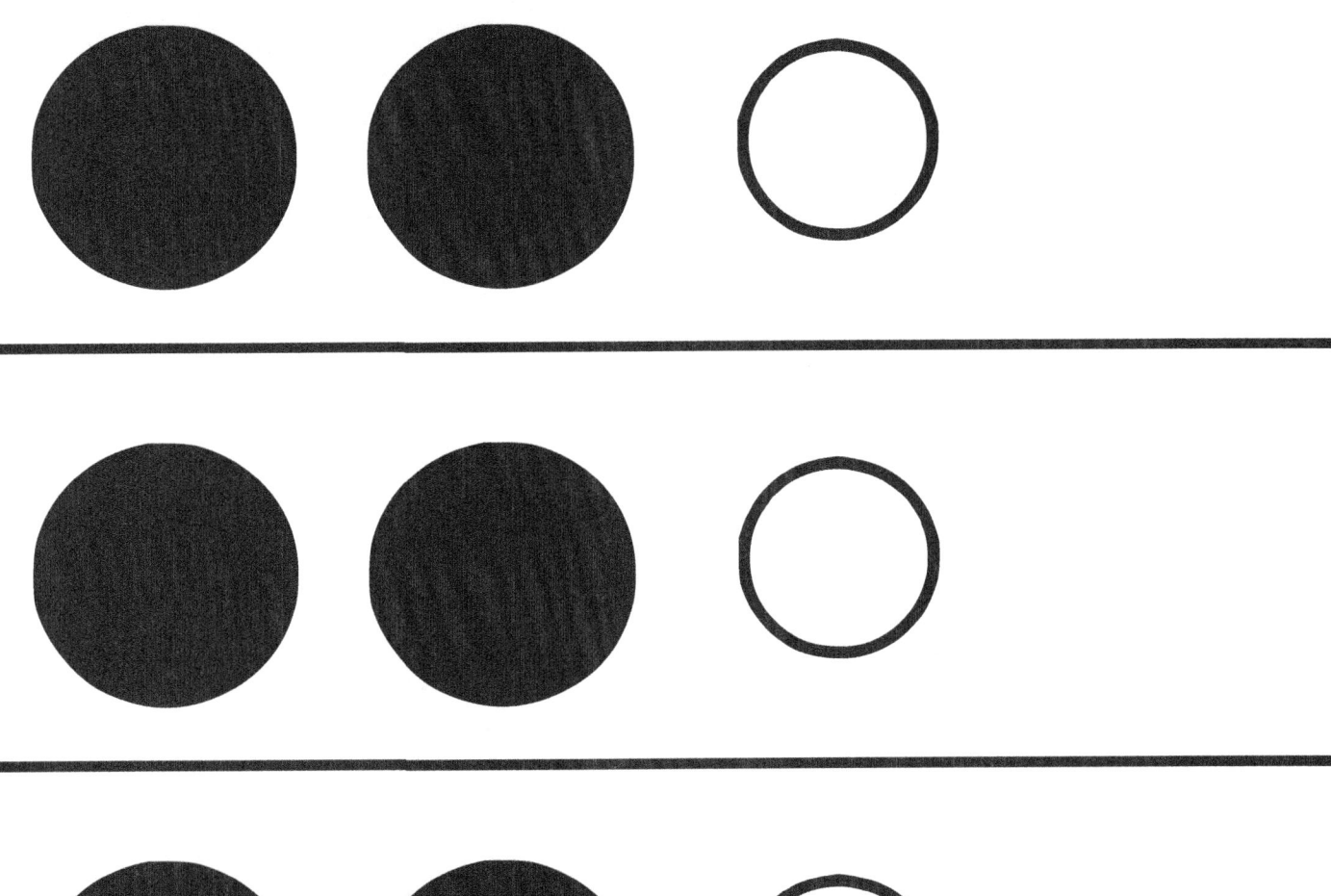

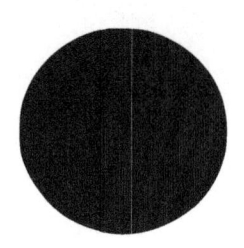

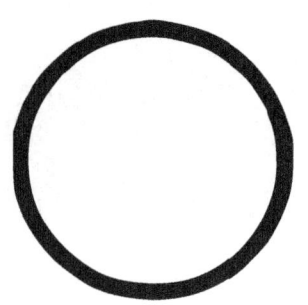

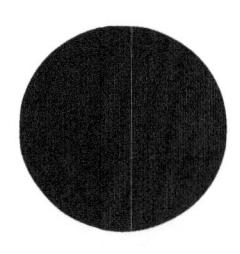

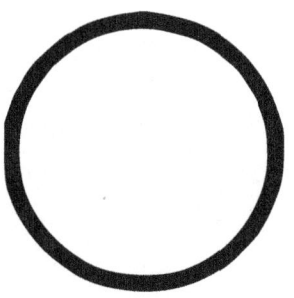

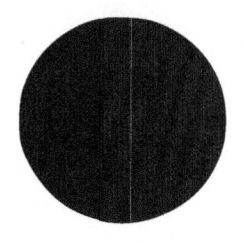

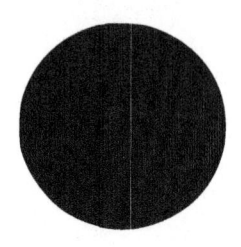

Capitolo 2 - Gedeone il Peperone

Esercizio n.4

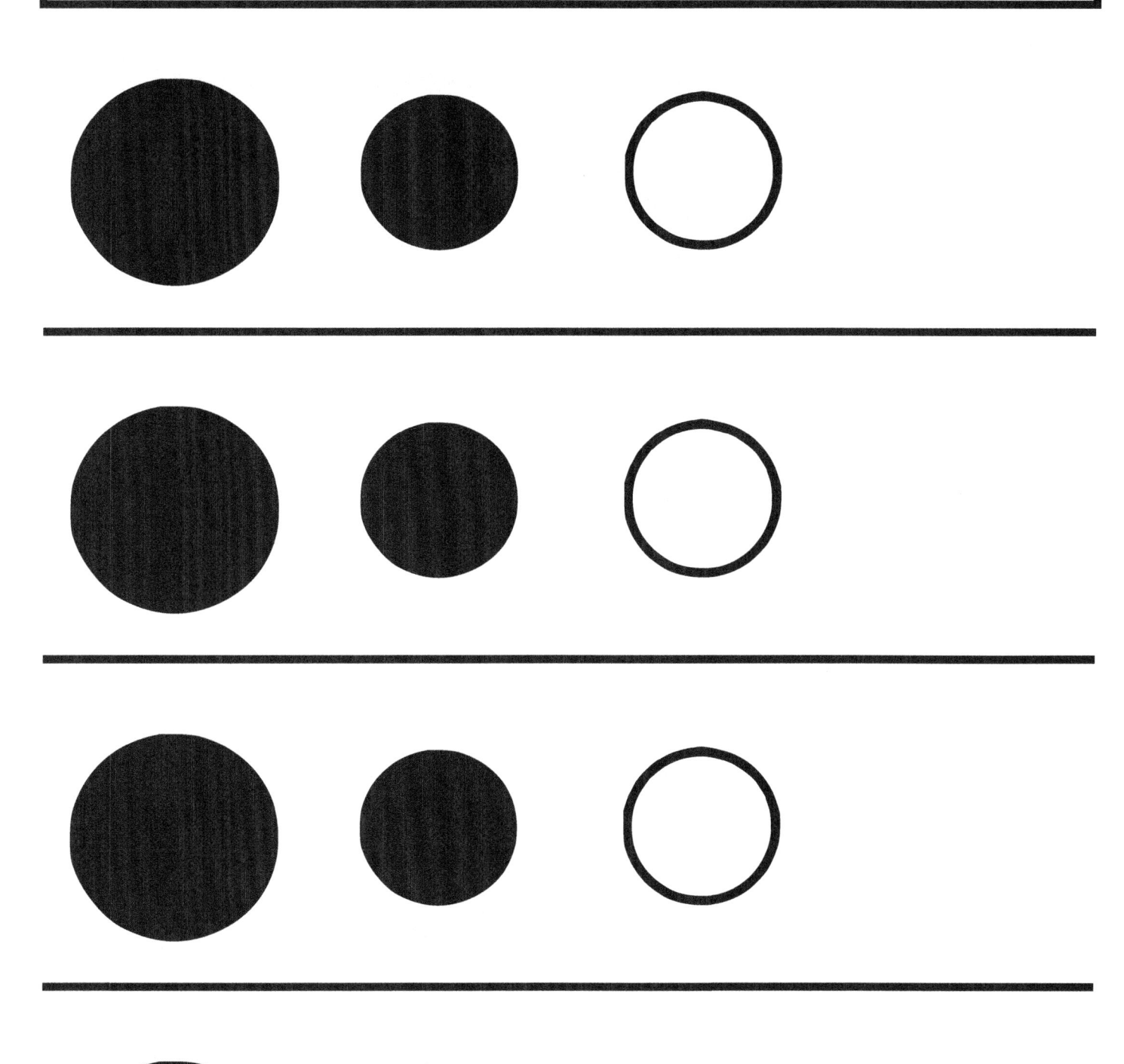

Capitolo 2 - Gedeone il Peperone

Esercizio n.5

Suoni e Silenzi   51   *Maestro Libero*

Capitolo 2 - Gedeone il Peperone

Esercizio n.6

Suoni e Silenzi   *Maestro Libero*

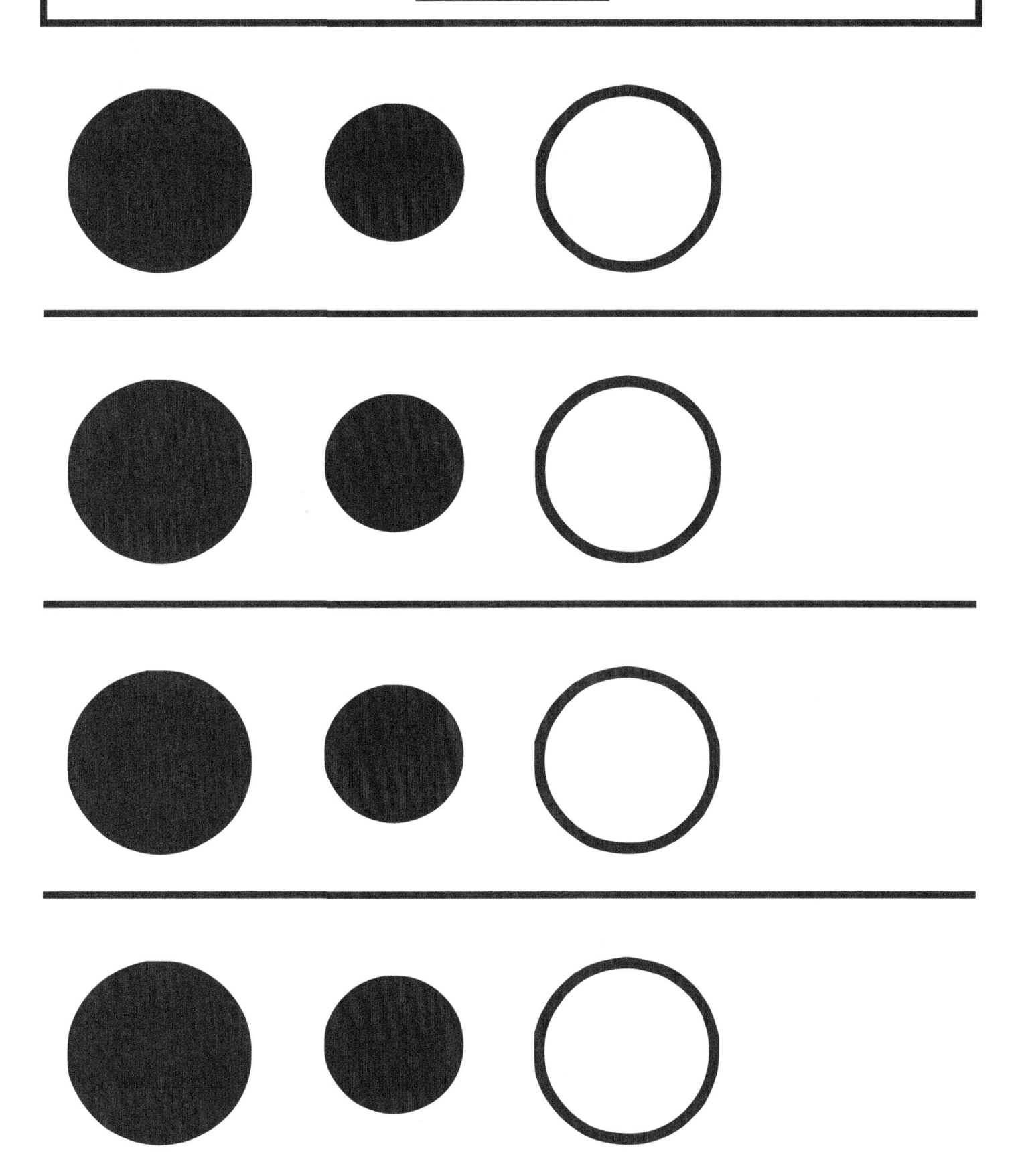

Capitolo 2 - Gedeone il Peperone

Esercizio n.7

Capitolo 2 - Gedeone il Peperone

Esercizio n.8

Suoni e Silenzi — 54 — *Maestro Libero*

Capitolo 2 - Gedeone il Peperone

Conosci la differenza fra piano e forte?

I SUONI **FORTI** SI SENTONO **TANTO**, ANCHE DA LONTANO!

HANNO DELLE ONDE SONORE **ALTISSIME**!

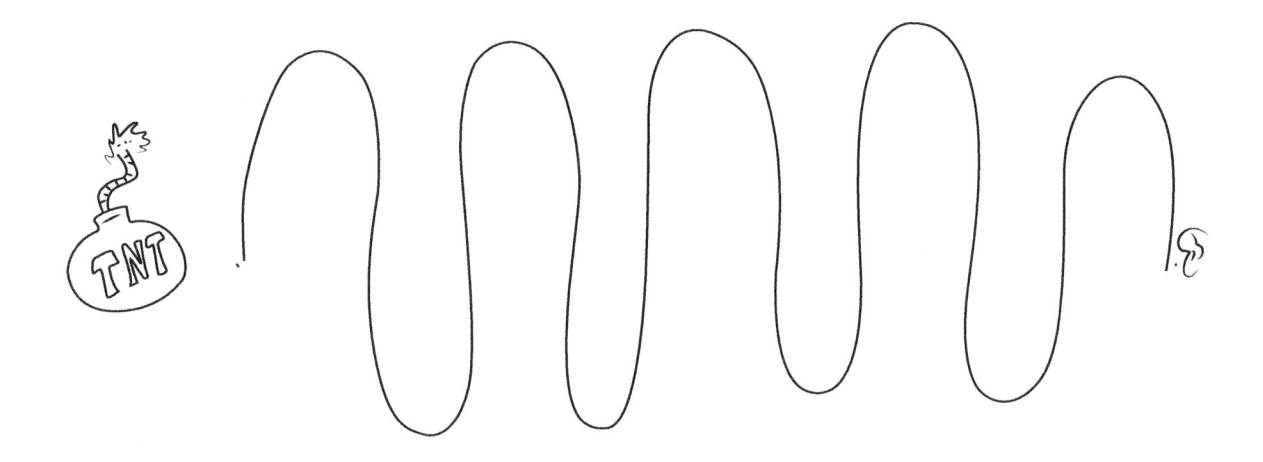

I SUONI **DEBOLI** SI SENTONO **PIANO**, CIOÈ MOLTO POCO,

ED HANNO DELLE ONDE SONORE **MOLTO BASSE**...

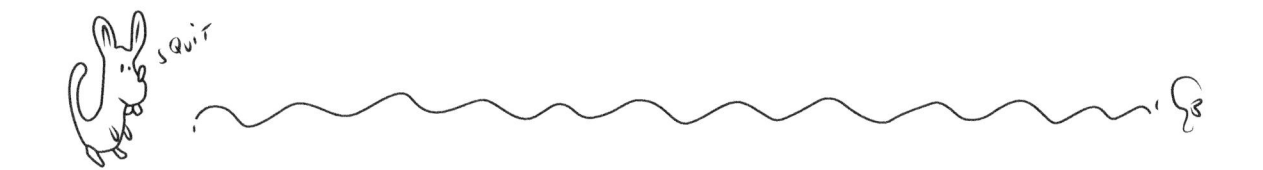

Capitolo 2 - Gedeone il Peperone

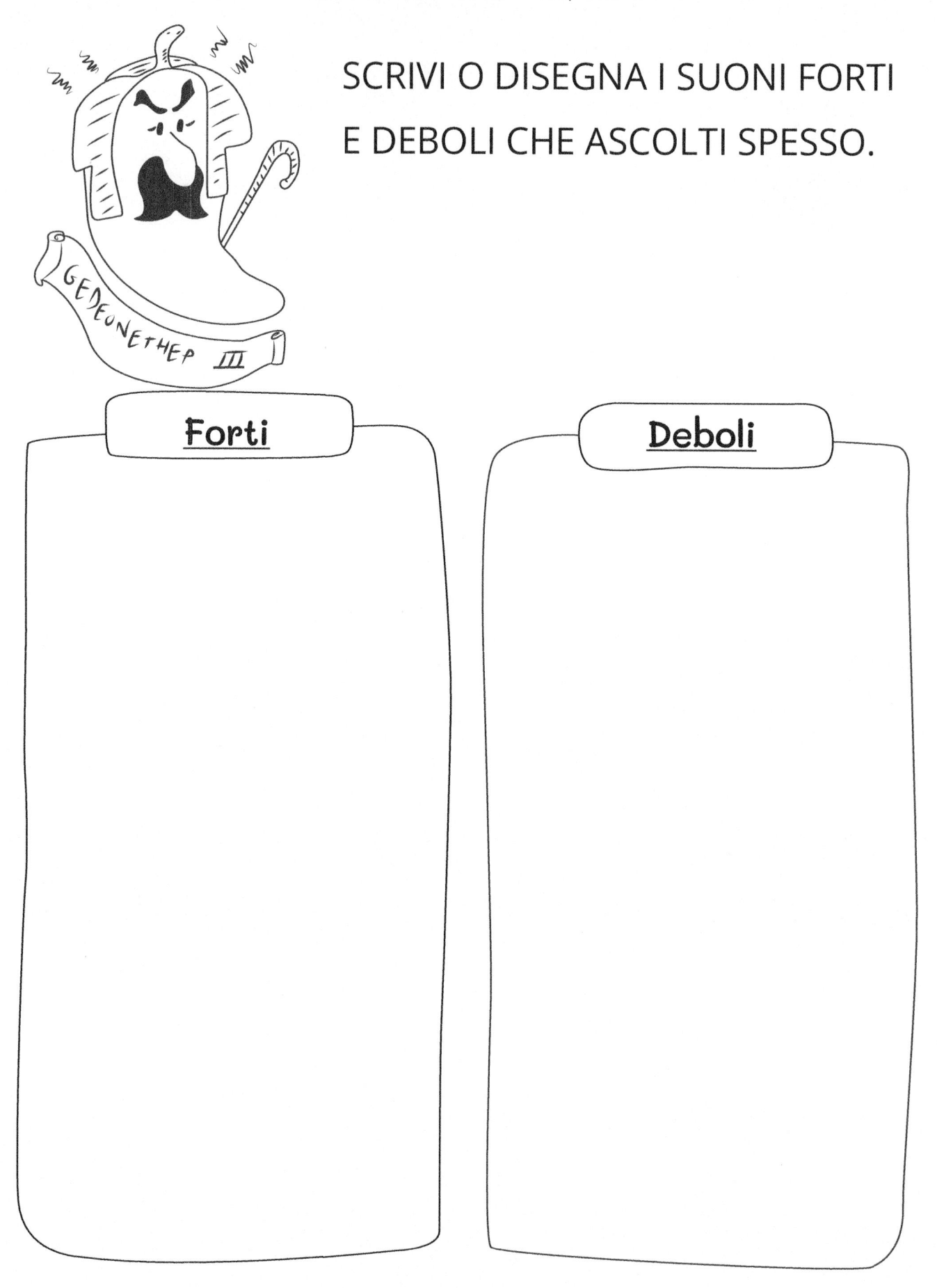

SCRIVI O DISEGNA I SUONI FORTI E DEBOLI CHE ASCOLTI SPESSO.

Forti	Deboli

Capitolo 2 - Gedeone il Peperone

Piano o forte?

COLORA DI ROSSO I SUONI CHE SENTI FORTE E DI VERDE QUELLI CHE SENTI PIANO...

Suoni e Silenzi — *Maestro Libero*

Capitolo 2 - Gedeone il Peperone

La scuola dei pallini

A SCUOLA DEI PALLINI C'È UN MAESTRO CHE LA SA MOOOOLTO LUNGA...
OGNI VOLTA CHE APRE BOCCA...NON SMETTE PIÙ DI PARLARE!

◯ ☐   È UN PALLINO BIANCO, SI CHIAMA POO E DURA 2 TEMPI

OGNI VOLTA CHE LO METTIAMO IN UNA STANZA DOBBIAMO LASCIAR VUOTA ANCHE QUELLA ACCANZO, PERCHÈ IL SUO SUONO È LUNGHISSIMO!

RIEMPI LA SCUOLA CON I PALLINI CHE PREFERISCI, MA RICORDA DI METTERCI ALMENO UN MAESTRO, ALTRIMENTI CHI FARÀ LEZIONE?

QUANDO METTI IL PALLINO BIANCO LASCIA SEMPRE VUOTA LA STANZA ALLA SUA DESTRA

Suoni e Silenzi — *Maestro Libero*

Capitolo 2 - Gedeone il Peperone

RITAGLIA LUNGO IL TRATTEGGIO ED INCOLLA LA SCHEDA SUL QUADERNO

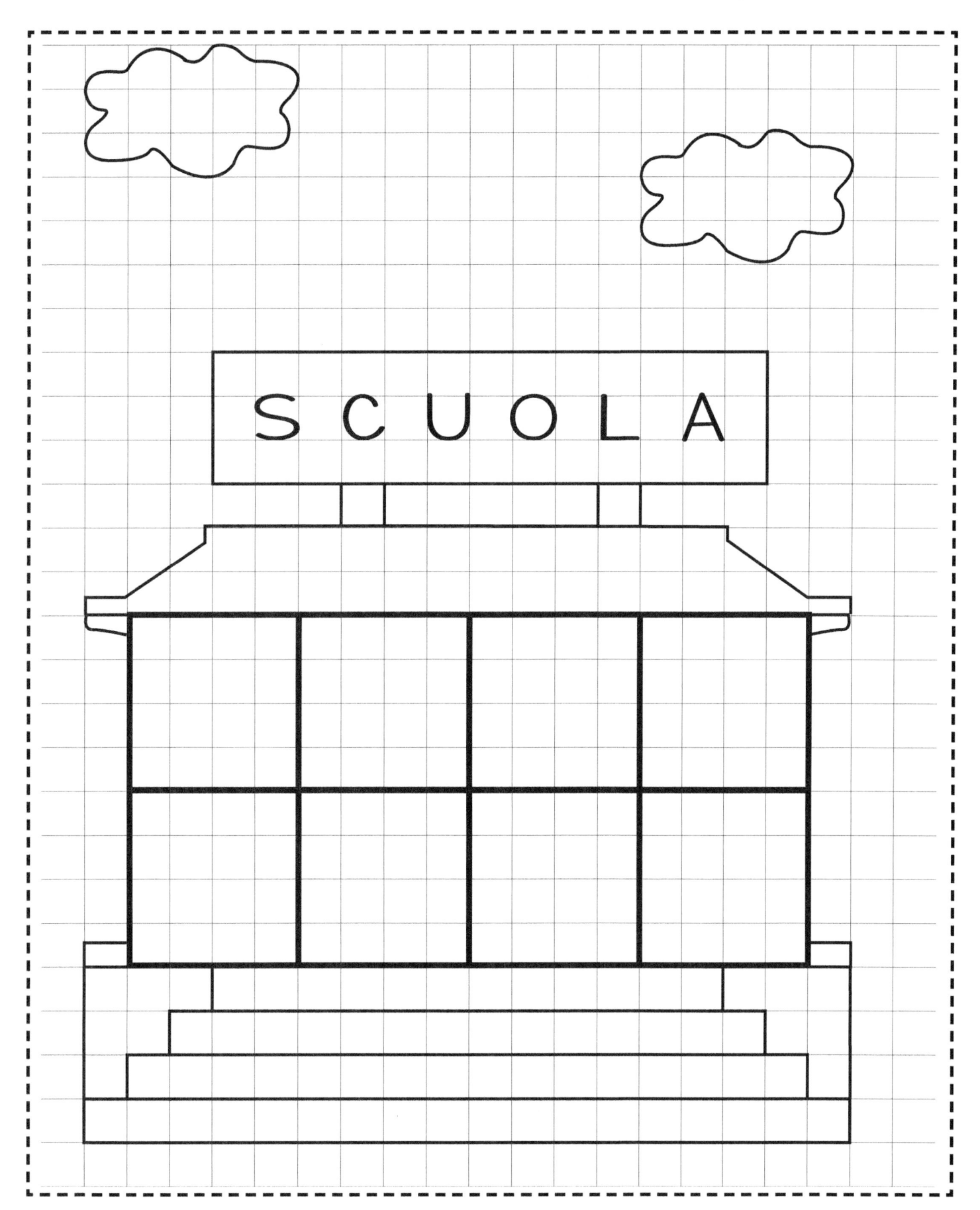

SCUOLA

Capitolo 3
Luana la Banana

*Il ritmo in tre tempi – il simbolo TITTI – Suoni belli e brutti
il condominio dei pallini – Pallino Rock*

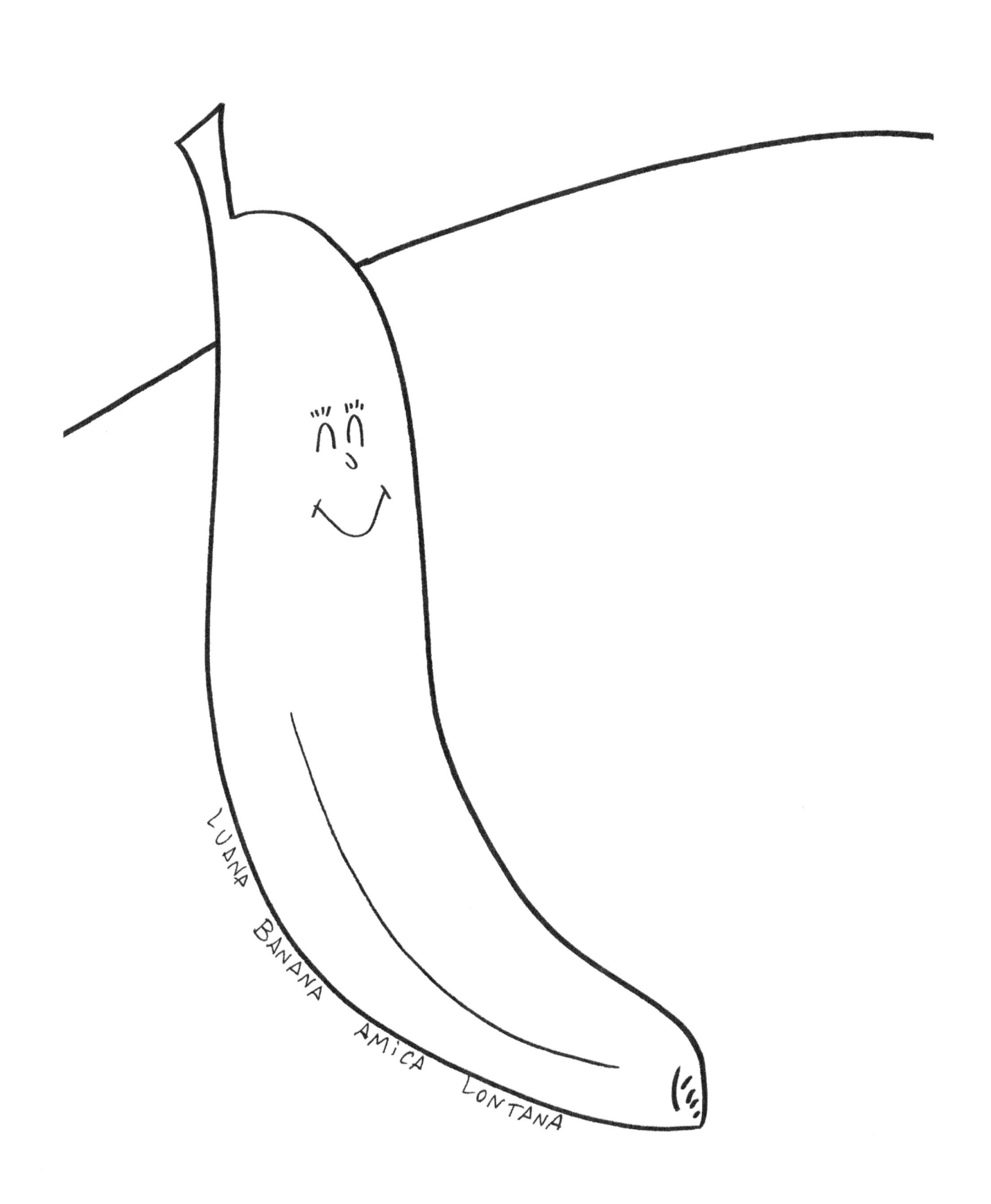

LUANA BANANA AMICA LONTANA

Capitolo 3 - Luana la Banana

Ciao!
Mi chiamo Luana, e ho due novità per te!

GUARDA LA PAGINA QUA A FIANCO

I SIMBOLI SONO SOLO TRE PER OGNI RIGA, E SE ASCOLTI BENE LA MIA CANZONE, CAPIRAI PERCHÈ!

MA NON É FINITA QUI!

TRA QUALCHE PAGINA SCOPRIRAI UN SIMBOLO NUOVO!!

SONO **DUE PALLINI** UNITI, SI LEGGONO **TITTI** E VANNO SUONATI INSIEME!

Basi e video online!
scannerizza il codice o digita
https://suoniesilenzi.link/club
Non hai effettuato la registrazione? Segui le indicazioni a pagina 1 del libro!

Suoni e Silenzi — *Maestro Libero*

Esercizio n.1

● ✗ ✗

● ✗ ✗

● ✗ ✗

● ✗ ✗

Esercizio n.2

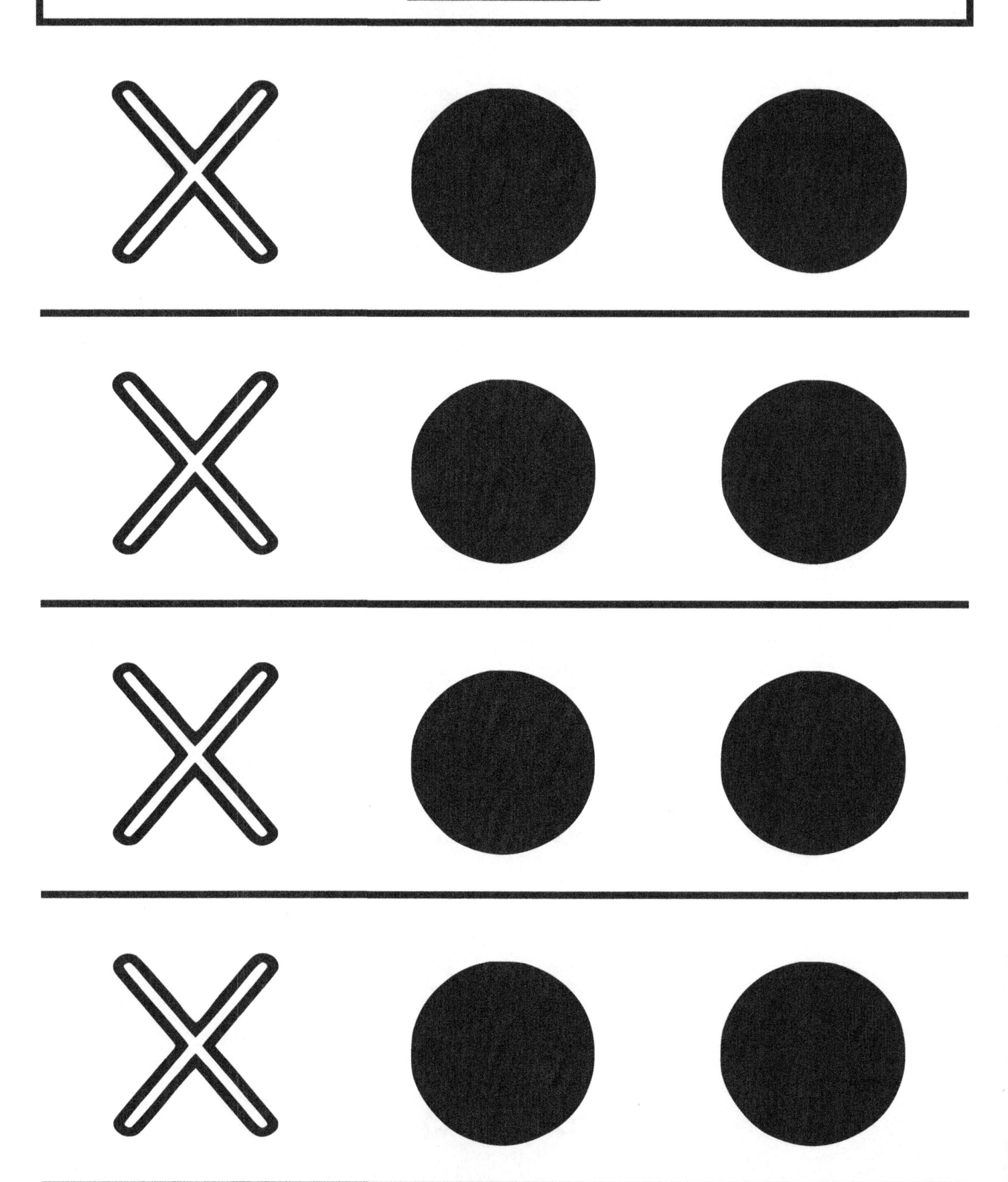

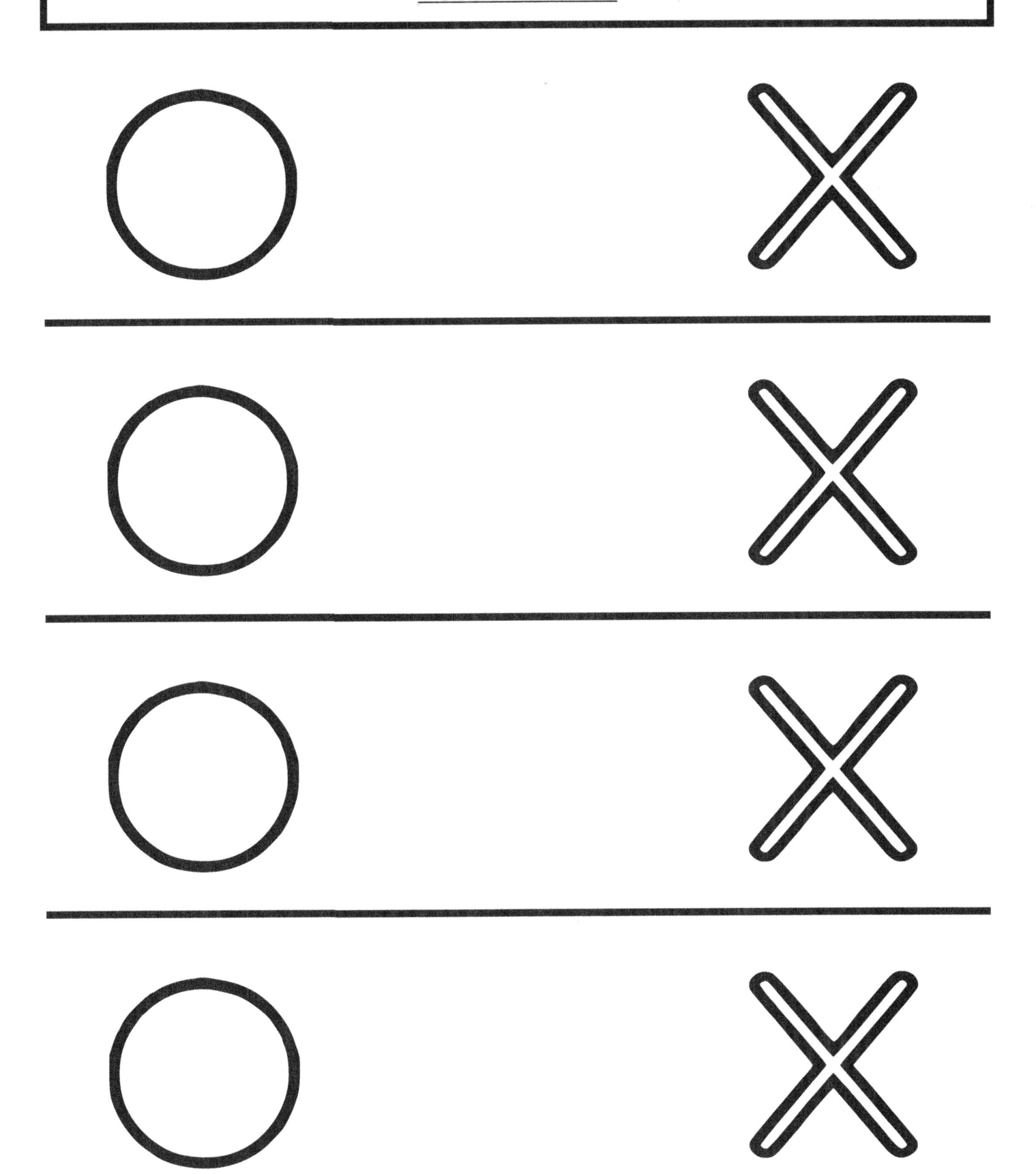

Capitolo 3 - Luana la Banana

Esercizio n.3

O   X

O   X

O   X

O   X

Suoni e Silenzi   Maestro Libero

Esercizio n.4

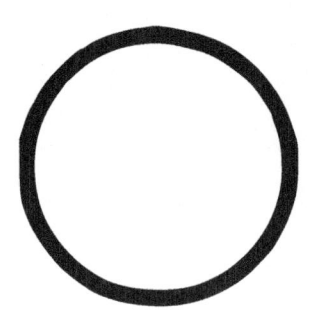

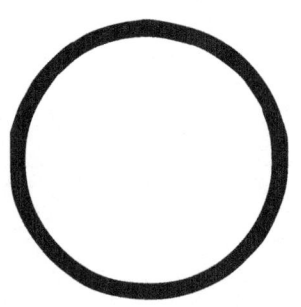

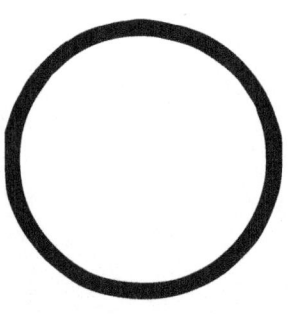

Esercizio n.5

Esercizio n.6

Capitolo 3 - Luana la Banana

Esercizio n.7

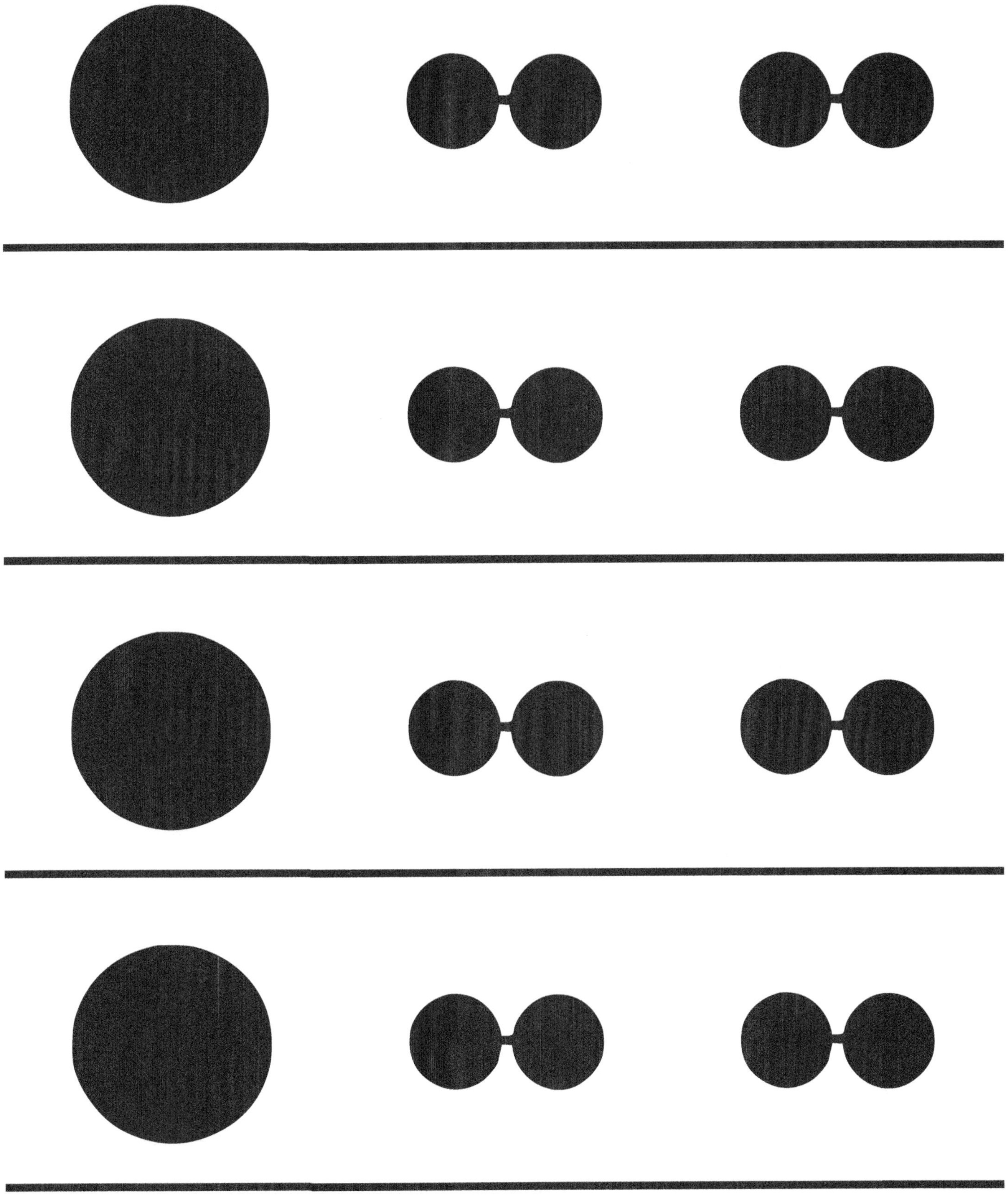

Suoni e Silenzi — 69 — Maestro Libero

Esercizio n.8

Che differenza c'è tra suoni e rumori?

I SUONI **BELLI** HANNO ONDE SONORE **ELEGANTI** E **ORDINATE**, E QUANDO LI ASCOLTI TI FANNO STARE BENE.

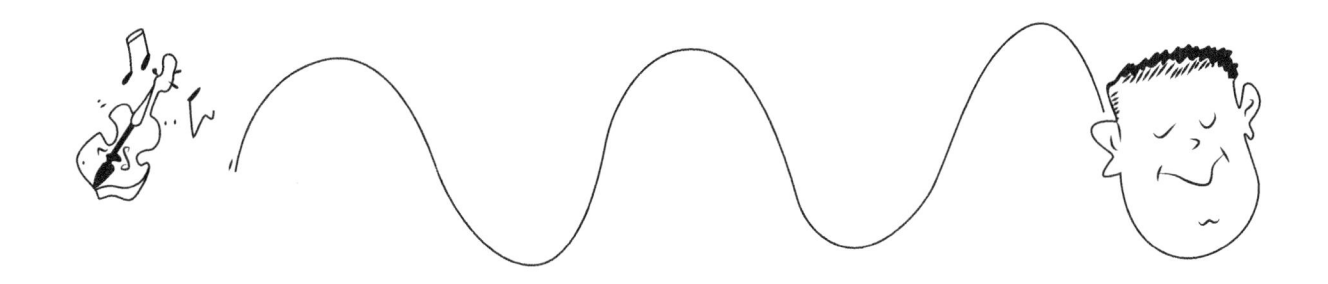

I SUONI **BRUTTI**, O **RUMORI**, HANNO ONDE **DISORDINATE** E **FASTIDIOSE**, CHE TI FANNO VENIRE IL MAL DI TESTA!

Capitolo 3 - Luana la Banana

SCRIVI O DISEGNA I SUONI CHE TI PIACCIONO E QUELLI CHE DETESTI!

Belli

Brutti

Capitolo 3 - Luana la Banana

Suoni o rumori?

COLORA DI AZZURRO I SUONI BELLI E
DI GRIGIO I RUMORACCI BRUTTI

Capitolo 3 - Luana la Banana

Il condominio dei pallini

A CASA PALLINI C'È UNA BELLA NOVITÀ: SONO NATI DUE GEMELLINI!

[●●] SI CHIAMANO TITTI ED INSIEME OCCUPANO UN SOLO TEMPO.

ADESSO LA FAMIGLIA SI È TRASFERITA IN UN BEL CONDOMINIO CON TANTI ALTRI PALLINI...RIEMPILO TU!

ATTENZIONE

RICORDA CHE I DUE GEMELLINI OCCUPANO SEMPRE UNA SOLA STANZA...SONO ANCORA PICCOLI, E DORMONO NELLO STESSO LETTO

RITAGLIA LUNGO IL TRATTEGGIO ED INCOLLA LA SCHEDA SUL QUADERNO

Capitolo 3 - Luana la Banana

Canzone di fine capitolo

Questa canzone è irresistibile! Provare per credere

Puoi cantarla, suonarla con il corpo o con gli strumenti

Ascolta la base e guarda il video animato!

Se la suoni con i tuoi amici o i tuoi compagni di classe potete dividervi in squadre, ognuna con un colore diverso.

Colorate le caselle con i pallini dei vari colori, ed ogni squadra suonerà solo i propri pallini...chi sbaglia ha perso!

Se avete degli strumenti musicali potete anche usarli: ogni squadra uno strumento diverso!

Basi e video online!

scannerizza il codice o digita
https://suoniesilenzi.link/club

Non hai effettuato la registrazione? Segui le indicazioni a pagina 1 del libro!

Capitolo 3 - Luana la Banana

Pallino Rock

Testo e musica di Libero Iannuzzi

● ● ∙∙ ●	● ● ∙∙ ●	● ● ∙∙ ●	● ● ∙∙ ●
PA PA TITTI PA	PA PA TITTI PA	PA PA TITTI PA	PA PA TITTI PA

IO CANTO UNA CANZONE, AFFACCIATO DAL BALCONE

HO GIÀ FATTO COLAZIONE CON IL THÈ AL LIMONE

● ● ∙∙ ●	● ● ∙∙ ●	● ● ∙∙ ●	● ● ∙∙ ●
PA PA TITTI PA	PA PA TITTI PA	PA PA TITTI PA	PA PA TITTI PA

STAMATTINA ME SO' SVEGLIATO E UN BISCOTTO ME SO MAGNATO

POI A SCUOLA SONO ANDATO E LA CHITARRA HO SUONATO

● ● ∙∙ ●	● ● ∙∙ ●	● ● ∙∙ ●	● ● ∙∙ ●
PA PA TITTI PA	PA PA TITTI PA	PA PA TITTI PA	PA PA TITTI PA

A ME PIACE INVENTARE LE PAROLE DA CANTARE

NON SON BRAVO A SUONARE SOLO UN RITMO IO SO FARE

● ● ∙∙ ●	● ● ∙∙ ●	● ● ∙∙ ●	● ● ∙∙ ●
PA PA TITTI PA	PA PA TITTI PA	PA PA TITTI PA	PA PA TITTI PA

Capitolo 4

Alla Carica!

La formula magica di Rocco - Pallini e crocette - Suoni e Silenzi -
La storia dei Pallini - Con il mio corpo Rock n' Roll

Capitolo 4 - Alla carica!

Ora si fa sul serio!

ALLACCIA LA CINTURA!

ORA TI LASCIO UN BEL PO' DI RITMI COSÌ POTRAI ESERCITARTI.

TROVERAI I SIMBOLI CHE GIÀ CONOSCI, PIÙ **UNO NUOVO!**

QUATTRO PALLINI ATTACCATI, MOLTO PICCOLI!

SI LEGGONO **TE-KE-TE-KE**...

SONO SUPER VELOCI!

SUONALI CON LE BASI, MA ATTENZIONE!

IN QUESTO CAPITOLO OGNI ESERCIZIO SI RIPETE 2 VOLTE

Basi e video online!
scannerizza il codice o digita
https://suoniesilenzi.link/club
Non hai effettuato la registrazione? Segui le indicazioni a pagina 1 del libro!

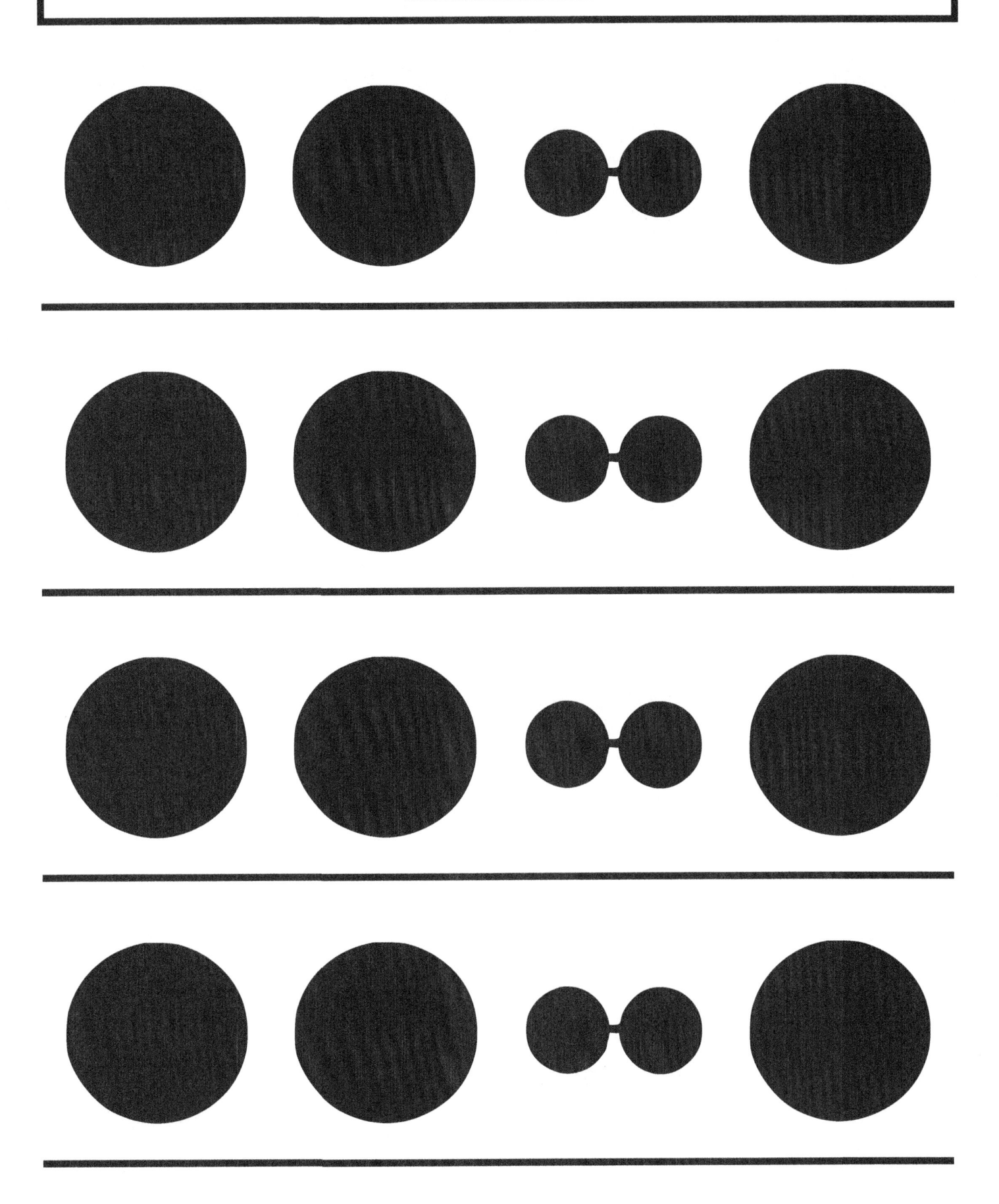

Esercizio n.1

Capitolo 4 - Alla carica!

Suoni e Silenzi — 81 — *Maestro Libero*

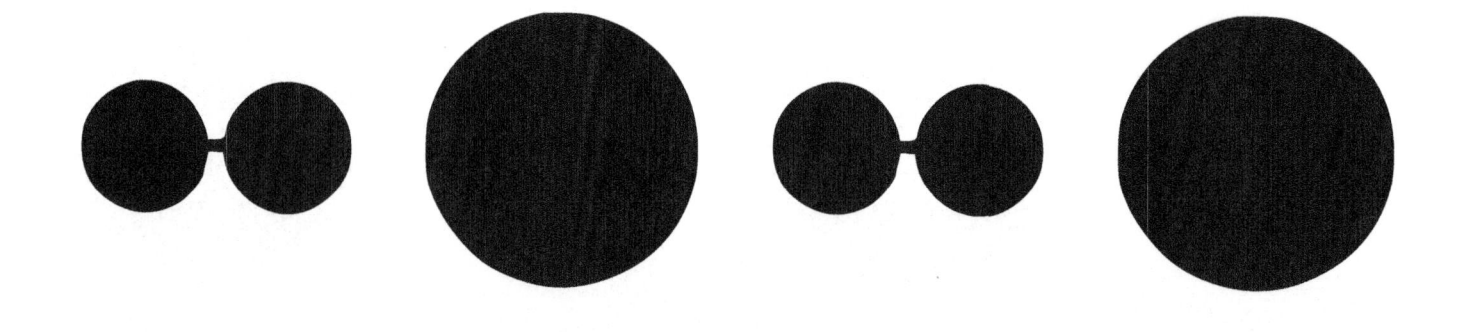

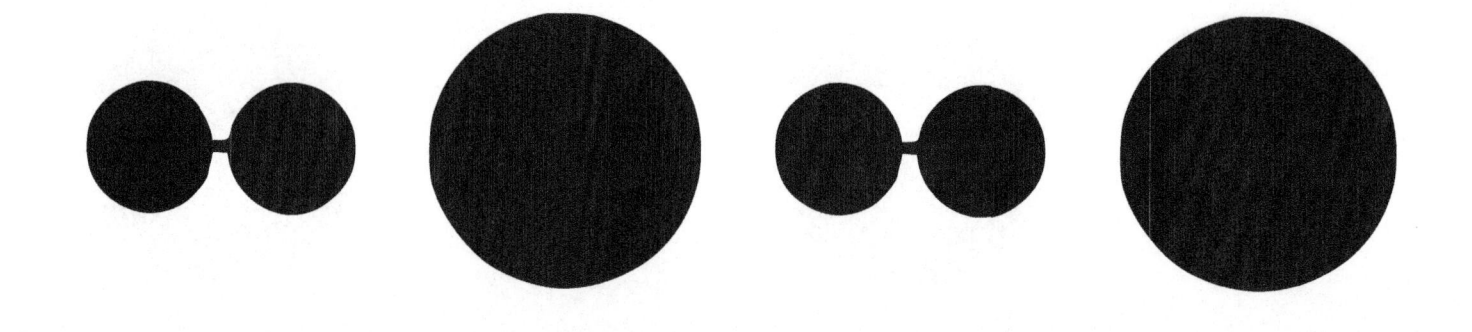

Esercizio n.2

Capitolo 4 - Alla carica!

Esercizio n.3

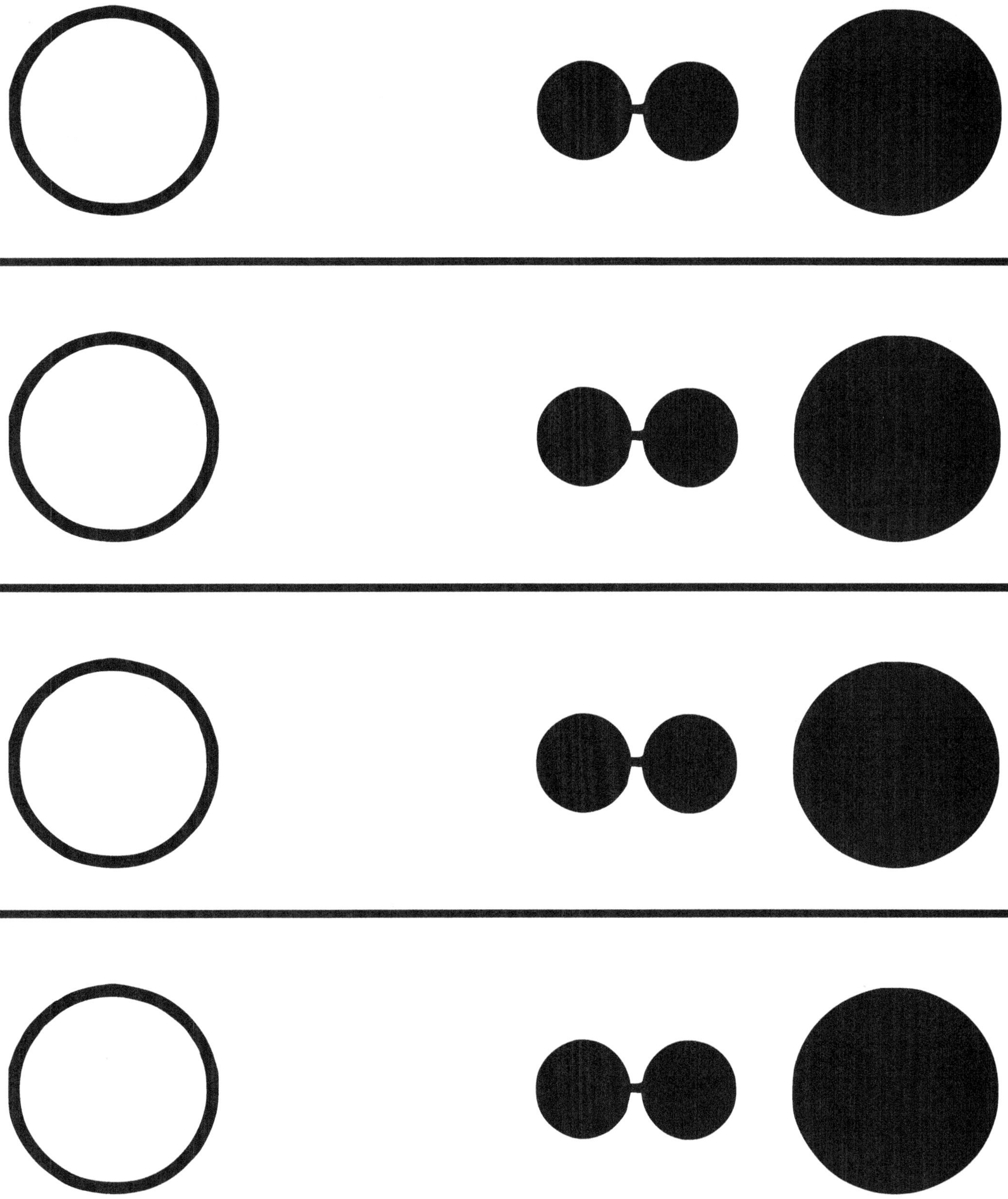

Suoni e Silenzi · 83 · Maestro Libero

Capitolo 4 - Alla carica!

Esercizio n.4

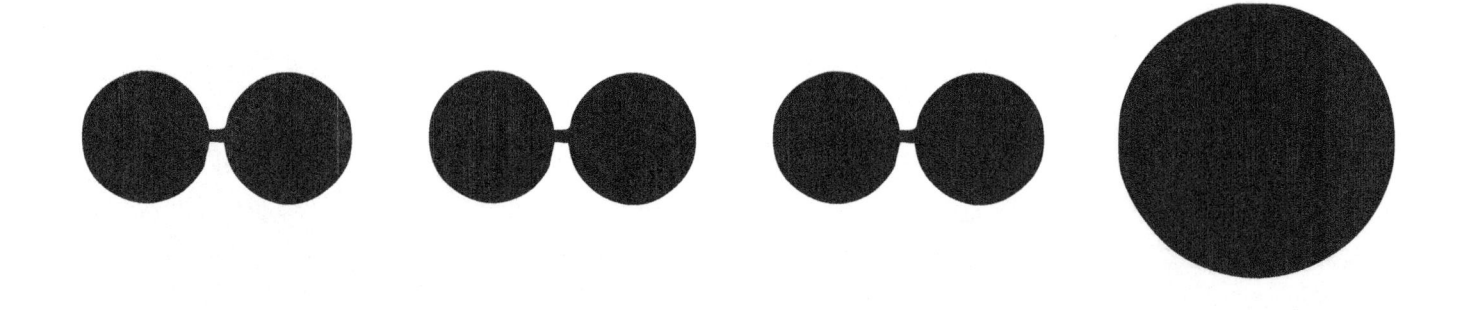

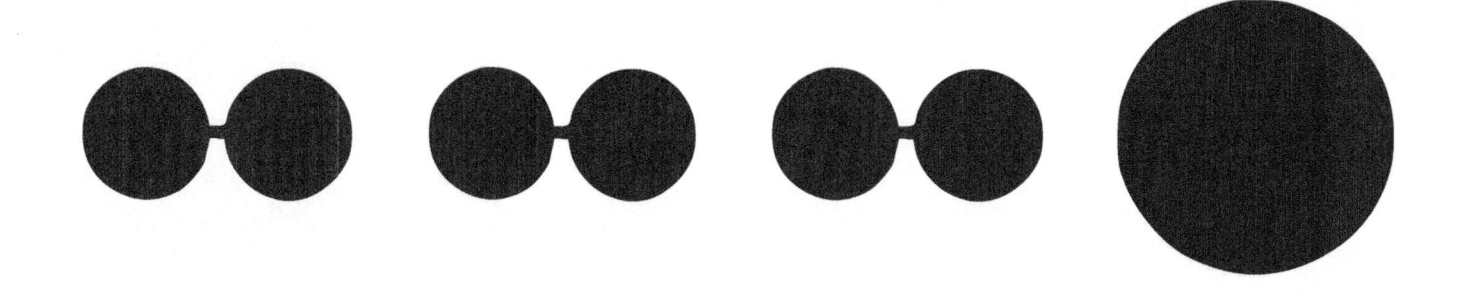

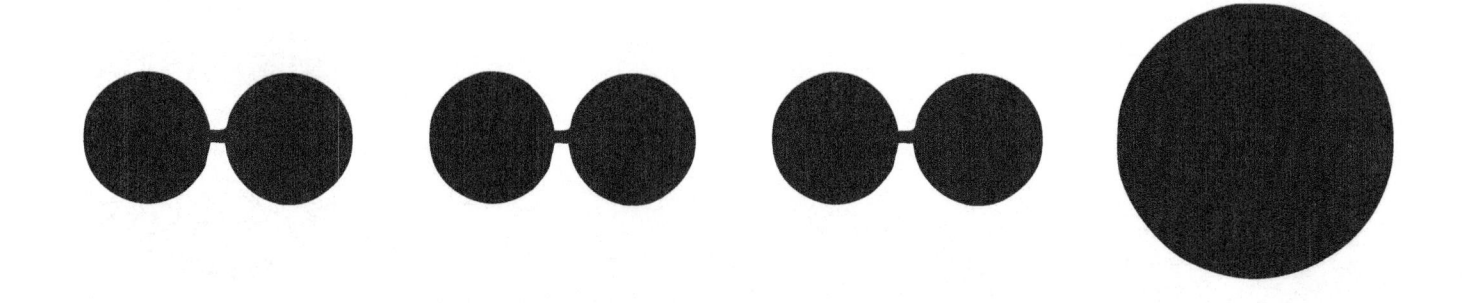

Suoni e Silenzi — 84 — Maestro Libero

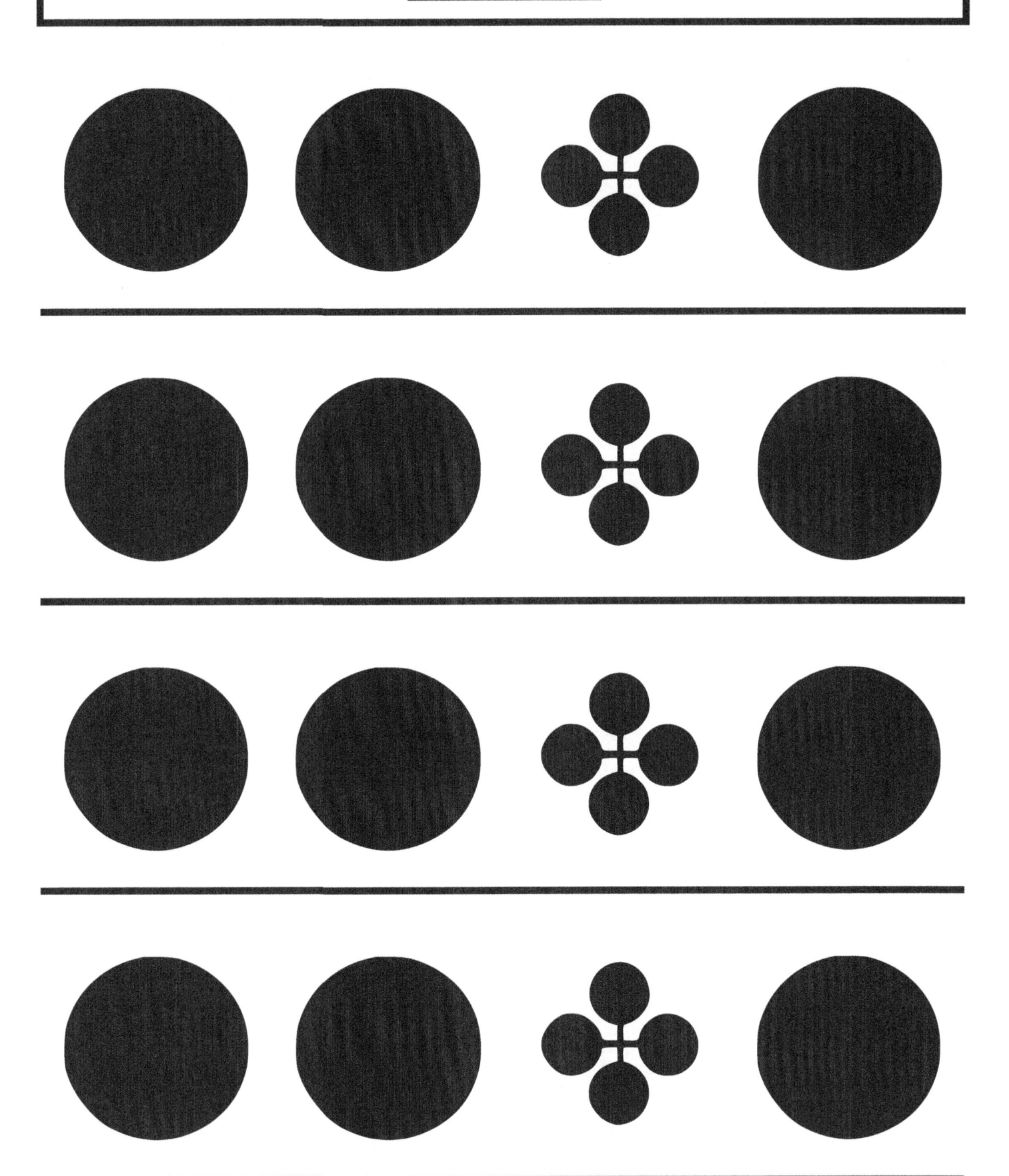

Esercizio n.5

Capitolo 4 - Alla carica!

Esercizio n.6

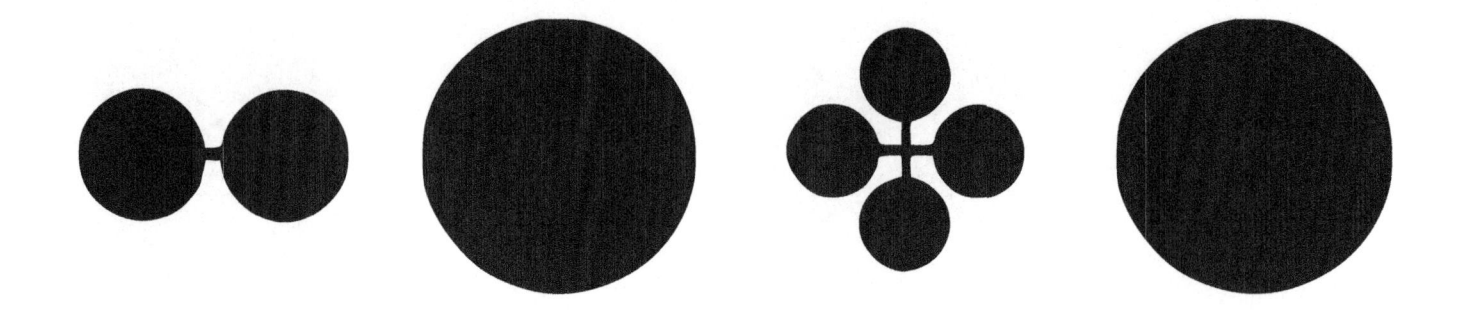

Suoni e Silenzi — *Maestro Libero*

Esercizio n.7

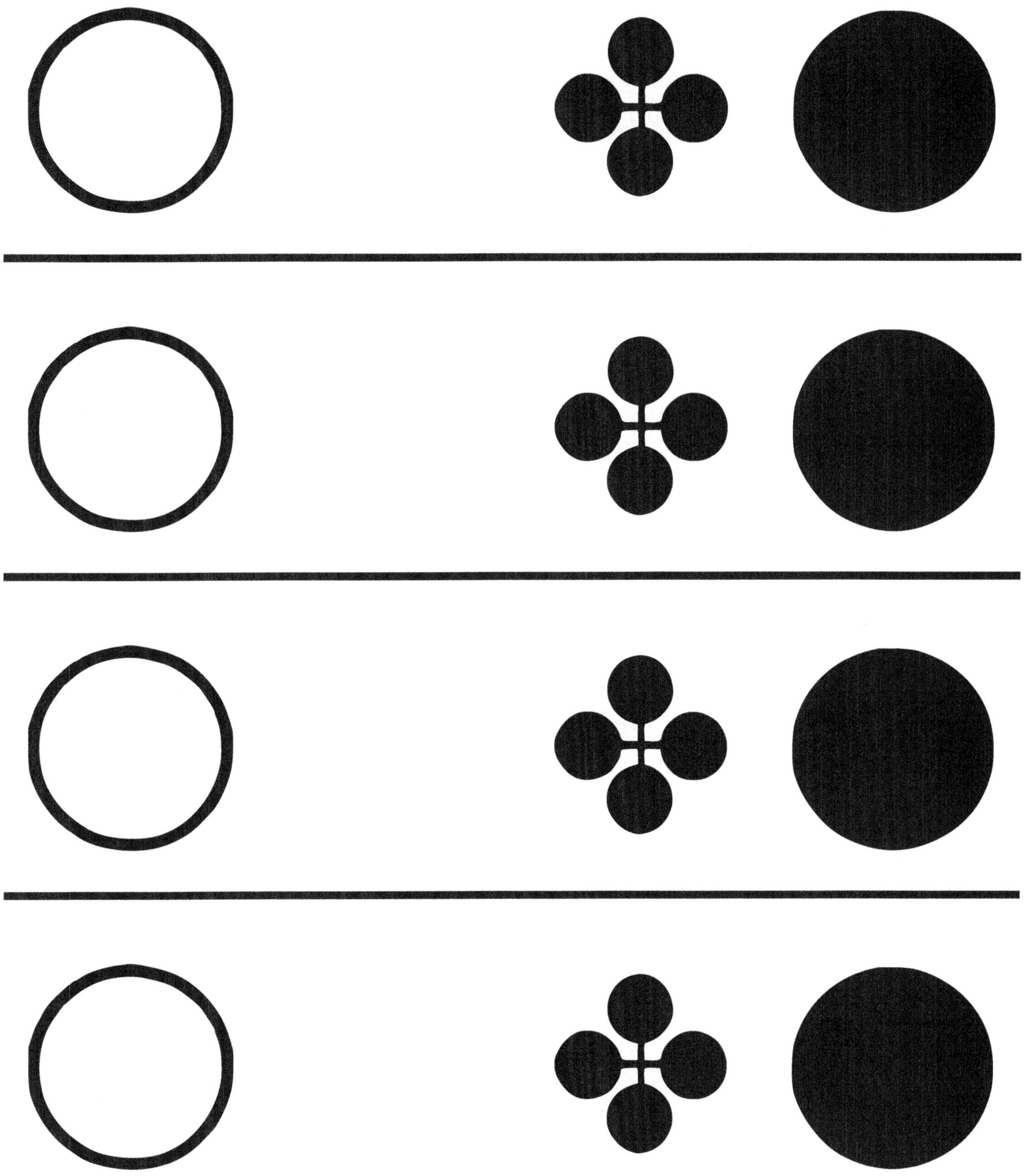

Capitolo 4 - Alla carica!

Suoni e Silenzi — 87 — *Maestro Libero*

Capitolo 4 - Alla carica!

Esercizio n.8

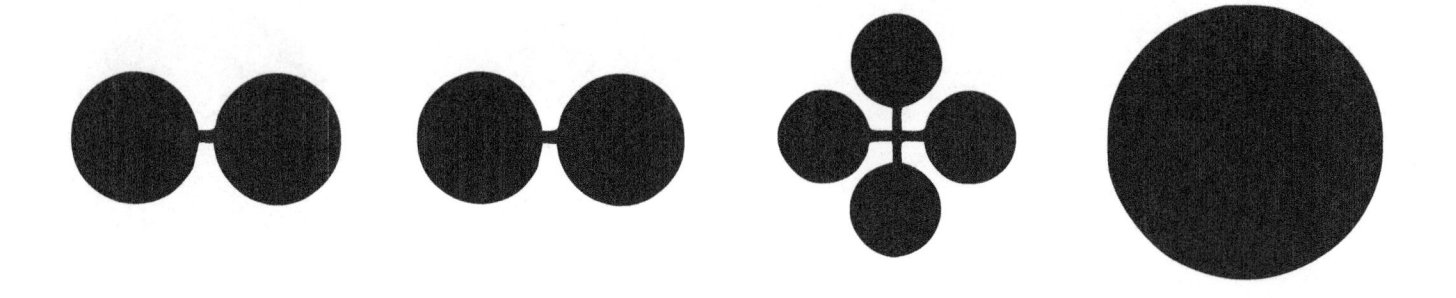

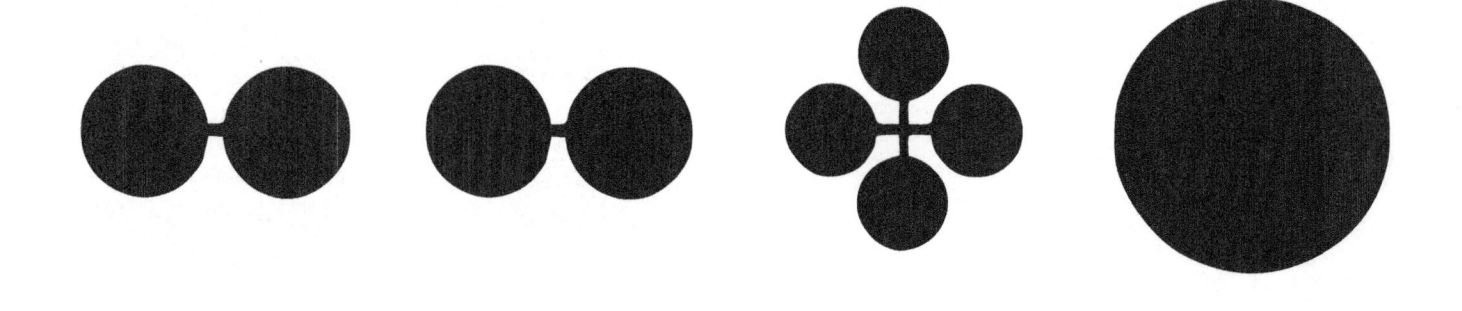

Suoni e Silenzi — *Maestro Libero*

Capitolo 4 - Alla carica!

Complimenti!
Adesso prova a scrivere tu dei ritmi...

ATTENZIONE PERÒ!

OGNI RIGA DEL RITMO DEVE DURARE QUANTO LE ALTRE!

SE LA PRIMA DURA 4 TEMPI, DURERANNO TUTTE 4 TEMPI!

ECCOTI UN PICCOLO RIPASSO DELLE DURATE..

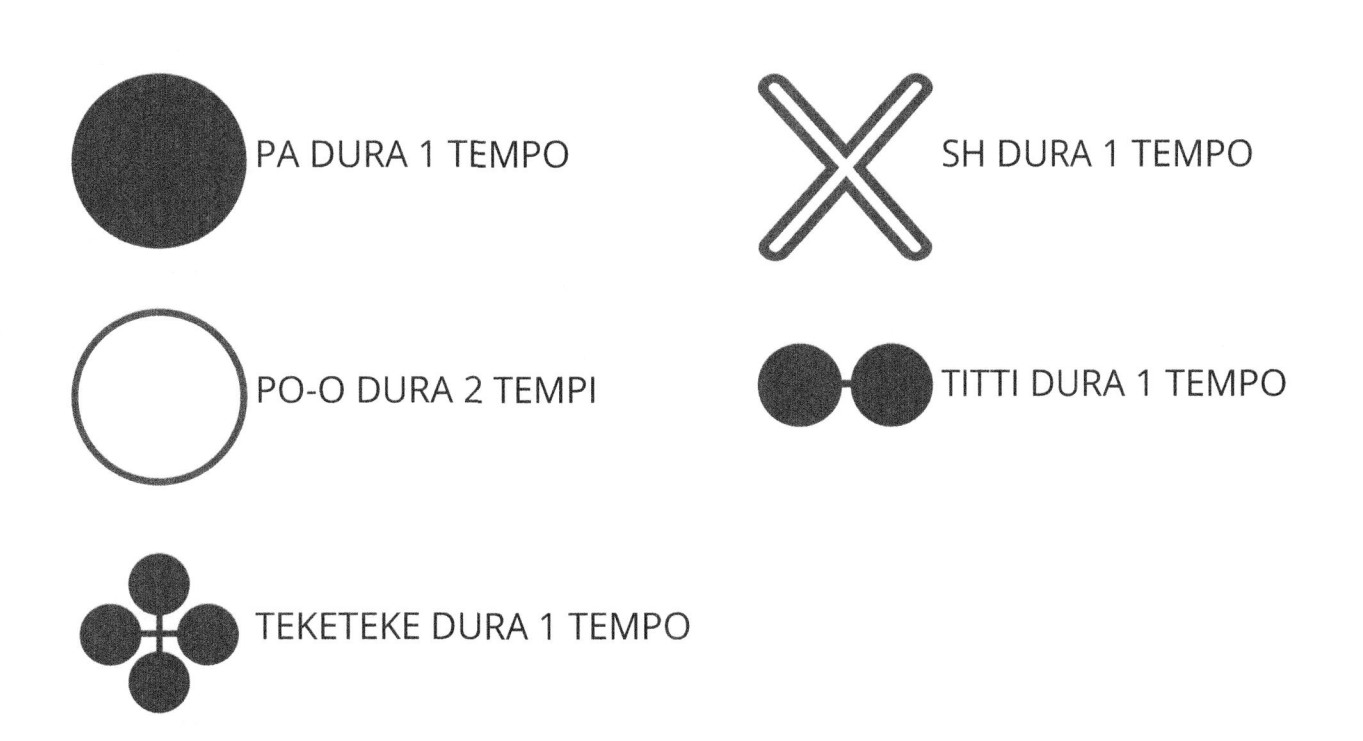

- ● PA DURA 1 TEMPO
- ○ PO-O DURA 2 TEMPI
- ✖ SH DURA 1 TEMPO
- ●● TITTI DURA 1 TEMPO
- ❖ TEKETEKE DURA 1 TEMPO

Capitolo 4 - Alla carica!

Il mio ritmo

Capitolo 4 - Alla carica!

Il mio ritmo

Capitolo 4 - Alla carica!

Il condominio dei pallini

ROCCO IL COCCO QUESTA DOMENICA SI È FATTO UNA BELLA GRIGLIATA DI...SUONI E SILENZI !!

NELLA SUA GRIGLIA CI SONO 16 POSTI, ED OGNI POSTO CONTIENE 1 TEMPO.

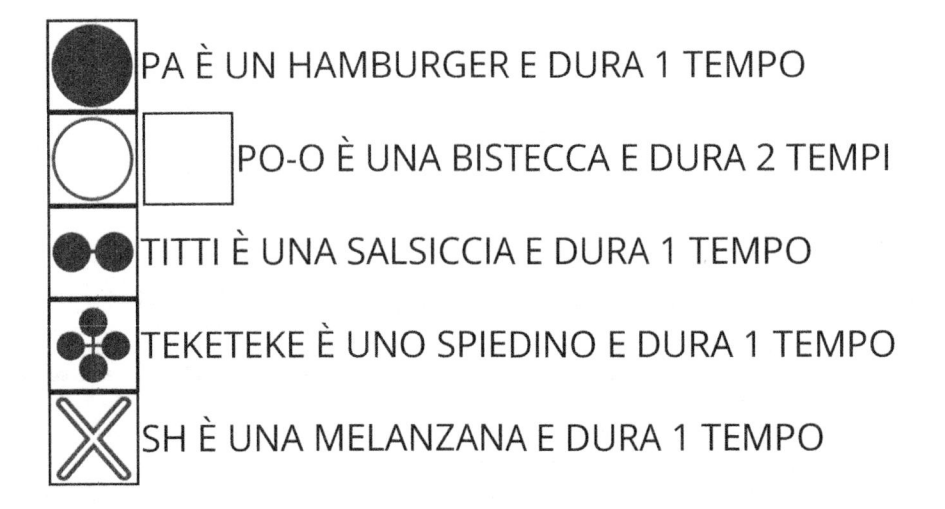

●	PA È UN HAMBURGER E DURA 1 TEMPO
○ ☐	PO-O È UNA BISTECCA E DURA 2 TEMPI
●●	TITTI È UNA SALSICCIA E DURA 1 TEMPO
●●●●	TEKETEKE È UNO SPIEDINO E DURA 1 TEMPO
✕	SH È UNA MELANZANA E DURA 1 TEMPO

ADESSO SCEGLI TU IL MENÙ E RIEMPI LA GRIGLIA...BUON APPETITO!

Capitolo 4 - Alla carica!

RITAGLIA LUNGO IL TRATTEGGIO ED INCOLLA LA SCHEDA SUL QUADERNO

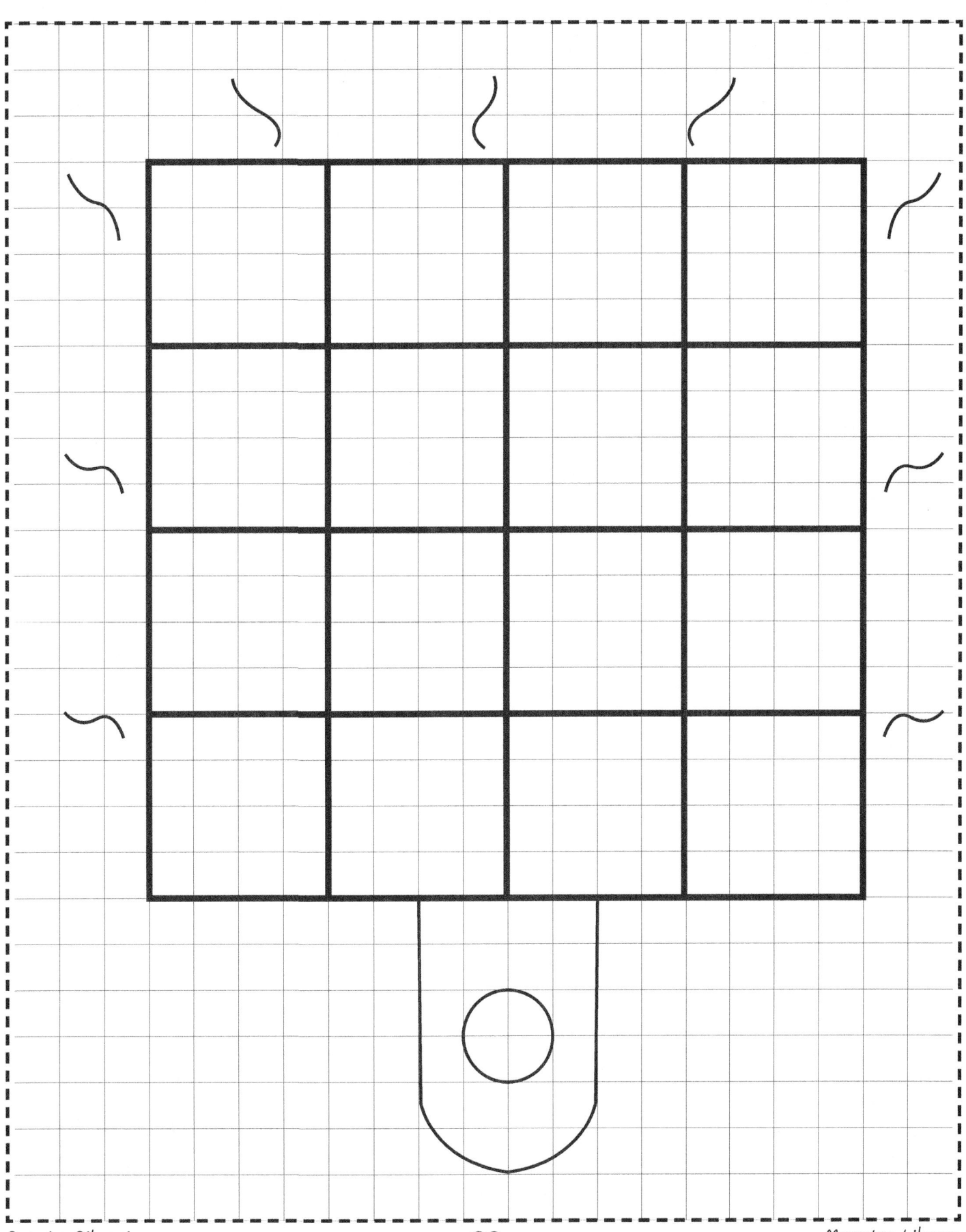

Suoni e Silenzi — Maestro Libero

Capitolo 4 - Alla carica!

Canzone di fine capitolo

Adesso vediamo come te la cavi con i ritmi!

Questa canzone è facilissima: devi ripetere tutto quello che faccio io!

Metti la base o il video e ti renderai conto di quanto è semplice.

Se ti senti davvero in gamba puoi anche usare la base senza parole, e inventare tu il ritmo che preferisci!

Se siete in gruppo, o in classe, provatevi a dividervi in due squadre: una squadra canta il primo ritmo e l'altra risponde.

Potete anche giocare a squadre con la base senza parole, e così la prima squadra dovrà inventare un ritmo e l'altra ripeterlo!

E non è finita! Potete anche usare altre parti del corpo o strumenti, eccoti alcuni esempi:

"Coi tamburi so suonare"

"Coi legnetti so suonare"

"Con i piedi so suonare"

"Con il banco so suonare"

"Con le corde so suonare"

"Con i tasti so suonare"

..e chi più ne ha più ne metta!

Basi e video online!
scannerizza il codice o digita
https://suoniesilenzi.link/club

Non hai effettuato la registrazione? Segui le indicazioni a pagina 1 del libro!

Capitolo 4 - Alla carica!

A me piace imparare...

Testo e musica di Libero Iannuzzi

A ME PIACE IMPARARE, IMPARARE A SUONARE

CON LE **MANI** SO RIFARE TANTI RITMI COME QUESTO QUA

● ● ∙∙ ●	● ● ∙∙ ●	∙∙ ● ∙∙ ●	∙∙ ● ∙∙ ●
PA PA TITTI PA	(RIPETERE)	TITTI PA TITTI PA	(RIPETERE)
∙∙ ∙∙ ● ●	∙∙ ∙∙ ● ●	∙∙ ∙∙ ∙∙ ●	∙∙ ∙∙ ∙∙ ●
TITTI TITTI PA PA	(RIPETERE)	TITTI TITTI TITTI PA	(RIPETERE)

A ME PIACE IMPARARE, IMPARARE A SUONARE

CON IL **PETTO** SO RIFARE TANTI RITMI COME QUESTO QUA

● ● ∙∙ ●	● ● ∙∙ ●	∙∙ ● ∙∙ ●	∙∙ ● ∙∙ ●
PA PA TITTI PA	(RIPETERE)	TITTI PA TITTI PA	(RIPETERE)
∙∙ ∙∙ ● ●	∙∙ ∙∙ ● ●	∙∙ ∙∙ ∙∙ ●	∙∙ ∙∙ ∙∙ ●
TITTI TITTI PA PA	(RIPETERE)	TITTI TITTI TITTI PA	(RIPETERE)

A ME PIACE IMPARARE, IMPARARE A SUONARE

CON LE **COSCE** SO RIFARE TANTI RITMI COME QUESTO QUA

● ● ∙∙ ●	● ● ∙∙ ●	∙∙ ● ∙∙ ●	∙∙ ● ∙∙ ●
PA PA TITTI PA	(RIPETERE)	TITTI PA TITTI PA	(RIPETERE)
∙∙ ∙∙ ● ●	∙∙ ∙∙ ● ●	∙∙ ∙∙ ∙∙ ●	∙∙ ∙∙ ∙∙ ●
TITTI TITTI PA PA	(RIPETERE)	TITTI TITTI TITTI PA	(RIPETERE)

A ME PIACE IMPARARE, IMPARARE A SUONARE, PER TRE VOLTE SO RIFARE

UN FINALE COME QUESTO QUA (3 VOLTE)

Suoni e Silenzi — *Maestro Libero*

Capitolo 4 - Alla carica!

Canzone di fine capitolo

E finalmente arriva l'estate! Se hai seguito il programma che ho stilato arrivato a questo punto dovrebbe essere quasi finito l'anno scolastico,

Una volta finita la scuola ce ne andremo al mare...a cantare!
Prova questa canzone, ha un ritmo irresistibile.
Puoi cantarla e suonarla, con il corpo o gli strumenti.

Se te la senti puoi provare ad accoppiare ogni pallino ad una parte diversa del corpo, ad esempio
TEKETEKE TEKETEKE (con il petto)
TITTI (con le cosce)
PA (con il piede)

Se la suoni con i tuoi amici o i tuoi compagni di classe potete dividervi in squadre, ognuna con un colore diverso.
Colorate le caselle con i pallini dei vari colori, ed ogni squadra suonerà solo i propri pallini...chi sbaglia ha perso!

Basi e video online!
scannerizza il codice o digita
https://suoniesilenzi.link/club

Non hai effettuato la registrazione? Segui le indicazioni a pagina 1 del libro!

Capitolo 4 - Alla carica!
Un pallino per l'estate
Testo e musica di Libero Iannuzzi

❖ ❖ ●● ⬤	❖ ❖ ●● ⬤	❖ ❖ ●● ⬤	❖ ❖ ●● ⬤
TEKETEKE TEKETEKE TITTI PA	TEKETEKE TEKETEKE TITTI PA	TEKETEKE TEKETEKE TITTI PA	TEKETEKE TEKETEKE TITTI PA

OGNI ESTATE VADO AL MARE, E MI VOGLIO ABBRONZARE

SOTTO IL SOLE A SUDARE MI VIEN VOGLIA DI CANTARE

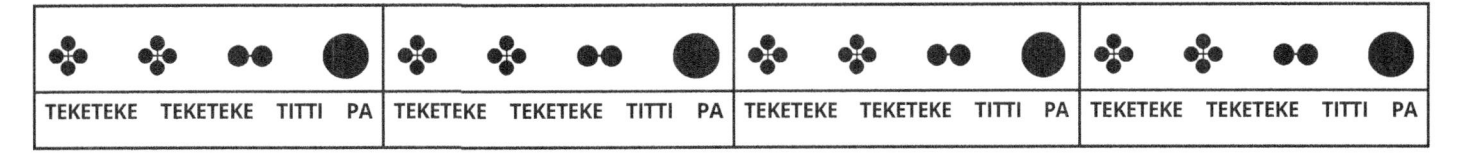

❖ ❖ ●● ⬤	❖ ❖ ●● ⬤	❖ ❖ ●● ⬤	❖ ❖ ●● ⬤
TEKETEKE TEKETEKE TITTI PA	TEKETEKE TEKETEKE TITTI PA	TEKETEKE TEKETEKE TITTI PA	TEKETEKE TEKETEKE TITTI PA

CON LE PINNE E CON GLI OCCHIALI FACCIO IL BAGNO TRA GLI SQUALI

POI MI VADO AD ASCIUGARE E CONTINUO A CANTICCHIARE

❖ ❖ ●● ⬤	❖ ❖ ●● ⬤	❖ ❖ ●● ⬤	❖ ❖ ●● ⬤
TEKETEKE TEKETEKE TITTI PA	TEKETEKE TEKETEKE TITTI PA	TEKETEKE TEKETEKE TITTI PA	TEKETEKE TEKETEKE TITTI PA

STESO SOTTO ALL'OMBRELLONE MENTRE PICCHIA IL SOLLEONE

MI RINFRESCO COL GELATO E RICANTO A PERDIFIATO

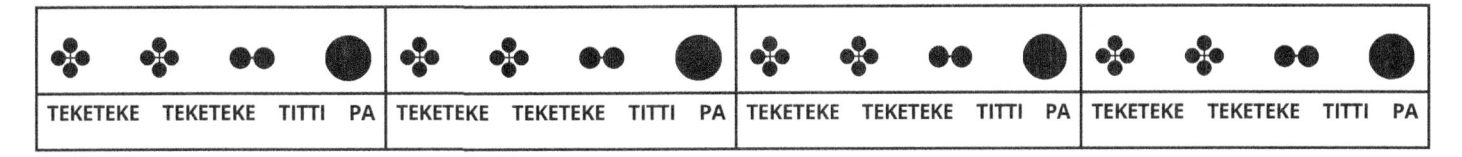

❖ ❖ ●● ⬤	❖ ❖ ●● ⬤	❖ ❖ ●● ⬤	❖ ❖ ●● ⬤
TEKETEKE TEKETEKE TITTI PA	TEKETEKE TEKETEKE TITTI PA	TEKETEKE TEKETEKE TITTI PA	TEKETEKE TEKETEKE TITTI PA

QUANDO POI RITORNO INDIETRO IN COSTUME SULLA METRO

SE MI BECCA IL CONTROLLORE GLI RICANTO 'STA CANZONE

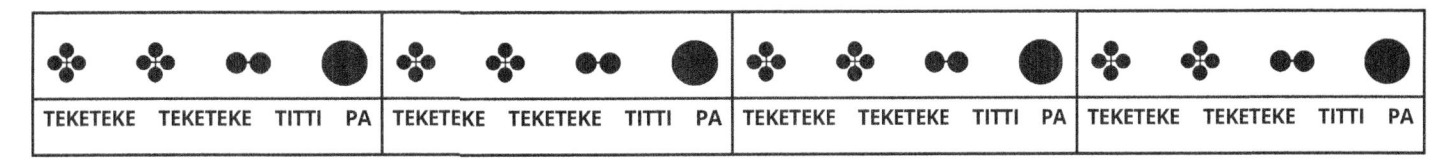

❖ ❖ ●● ⬤	❖ ❖ ●● ⬤	❖ ❖ ●● ⬤	❖ ❖ ●● ⬤
TEKETEKE TEKETEKE TITTI PA	TEKETEKE TEKETEKE TITTI PA	TEKETEKE TEKETEKE TITTI PA	TEKETEKE TEKETEKE TITTI PA

Conclusione

Congratulazioni!

SE SEI ARRIVATO FINO A QUI, SIGNIFICA CHE CI HAI MESSO IMPEGNO!

MA L'AVVENTURA NON FINISCE!!

SUL SITO **LIBEROIANNUZZI.COM,** TROVERAI TANTISSIME ALTRE CANZONI, ATTIVITÀ E GIOCHI DA FARE CON QUESTI PALLINI!

SBRIGATI, TI ASPETTO!

Gli accordi

Ti lascio di seguito gli accordi per tutte le canzoni contenute nel libro, nel caso tu volessi accompagnare i bambini con uno strumento.

Rocco il Cocco

Mi	*La*	*Mi*	*La*	*Mi*	*La*	*Mi*	*La*
Un bel cocco		tutto bianco		se ne stava		in un tubo	

Gedeone il Peperone

La Mi La	*La Mi La*	*La Mi La*	*La Mi La*
Gedeon	peperon	ma che gran	brontolon

Luana la Banana

La	*Re*	*Mi*	*La*
Luana	banana	amica	lontana

Con il mio corpo...rock' n' roll!

Testo e musica di Libero Iannuzzi

Mi   La Si Mi   La Si Mi
Batti le mani PA PA PA batti nel petto PA PA PA
La   Si
Batti un piede PA l'altro piede PA
Mi   La Si Mi
batti le mani PA PA PA

Mi   La Si Mi   La Si Mi
Con il mio corpo suonerò questa canzone rock n' roll....baby!

Batti le mani PA PA PA batti le cosce PA PA PA
Batti un piede PA l'altro piede PA
batti le mani PA PA PA

Con il mio corpo suonerò questa canzone rock n' roll....baby!

Batti le mani PA PA PA batti il culetto PA PA PA
Batti un piede PA l'altro piede PA
batti le mani PA PA PA

Mi   La Si Mi   La Si Mi
Con il mio corpo suonerò questa canzone rock n' roll....
Mi   La Si Mi   La Si Mi
questa canzone rock n' roll....questa canzone rock n' roll....baby!

Pallino Rock

Testo e musica di Libero Iannuzzi

Mi   *La*   *Si*   *Mi*   *La*   *Si*

PA PA TITTI PA, PA PA TITTI PA, PA PA TITTI PA, PA PA TITTI PA

Mi   *La*   *Si*

Io canto una canzone, affacciato al balcone

Mi   *La*   *Si*

Ho già fatto colazione con il thè al limone

Mi   *La*   *Si*   *Mi*   *La*   *Si*

PA PA TITTI PA, PA PA TITTI PA, PA PA TITTI PA, PA PA TITTI PA

Mi   *La*   *Si*

Stamattina me so' svegliato e un biscotto me so magnato

Mi   *La*   *Si*

Poi a scuola sono andato e la chitarra ho suonato

Mi   *La*   *Si*   *Mi*   *La*   *Si*

PA PA TITTI PA, PA PA TITTI PA, PA PA TITTI PA, PA PA TITTI PA

Mi   *La*   *Si*

A me piace inventare le parole da cantare

Mi   *La*   *Si*

Non son bravo a suonare solo un ritmo io so fare

Mi   *La*   *Si*   *Mi*   *La*   *Si*

PA PA TITTI PA, PA PA TITTI PA, PA PA TITTI PA, PA PA TITTI PA

A me piace imparare

Testo e musica di Libero Iannuzzi

Re   Sol   Re   La
A me piace imparare imparare a suonare
Re   Sol   Re   La   Re
con le mani so rifare tanti ritmi come questo qua

Re   La   Re   *Re   La   Re*
PA PA TITTI PA   (ripetere)   **TITTI PA TITTI PA**   (ripetere)

Re   La Re   *Re   La Re*
TITTI TITTI PA PA   (ripetere)   **TITTI TITTI TITTI PA** (ripetere)

Re   Sol   Re   La
A me piace imparare imparare a suonare
Re   Sol   Re   La   Re
con il petto so rifare tanti ritmi come questo qua

PA PA TITTI PA...

Re   Sol   Re   La
A me piace imparare imparare a suonare
Re   Sol   Re   La   Re
con le cosce so rifare tanti ritmi come questo qua

PA PA TITTI PA...

Mi   La   Mi   Si   Mi   La
A me piace imparare imparare a suonare con le mani so rifare
Mi   Si   Mi
tanti ritmi come questo qua (3 volte)

Suoni e Silenzi   *Maestro Libero*

Un pallino per l'estate

Testo e musica di Libero Iannuzzi

Fa	Sib	Do

TEKETEKE TEKETEKE TITTI PA TEKETEKE TEKETEKE TITTI PA (X2)

Fa	Sib	Do

Ogni estate vado al mare, e mi voglio abbronzare

Fa	Sib	Do

Sotto il sole a sudare mi vien voglia di cantare

Fa	Sib	Do

TEKETEKE TEKETEKE TITTI PA TEKETEKE TEKETEKE TITTI PA (X2)

Con le pinne e con gli occhiali faccio il bagno tra gli squali
Poi mi vado ad asciugare e continuo a canticchiare

Fa	Sib	Do

TEKETEKE TEKETEKE TITTI PA TEKETEKE TEKETEKE TITTI PA (X2)

Steso sotto all'ombrellone mentre picchia il solleone
Mi rinfresco col gelato e ricanto a perdifiato

Fa	Sib	Do

TEKETEKE TEKETEKE TITTI PA TEKETEKE TEKETEKE TITTI PA (X2)

Quando poi ritorno indietro in costume sulla metro
Se mi becca il controllore gli ricanto 'sta canzone

Fa	Sib	Do

TEKETEKE TEKETEKE TITTI PA TEKETEKE TEKETEKE TITTI PA (X6)

Le basi sono online!

Puoi **scaricarle**, riprodurle online, ascoltarle tramite la **app gratuita**.

Torna a **pagina 1** per registrarti e ricevere tutte le basi gratis, e molto altro!

Perchè non ho incluso il CD nel libro?

- *Perchè le basi mp3 sono più pratiche, versatili, trasportabili, durevoli.*
- *Perchè si possono riprodurre online, tramite app, e conservare più facilmente.*
- *Perchè un **piccolo sforzo** per aggiornarti ti farà **risparmiare** molto tempo in futuro...*

Il progresso richiede un impegno iniziale, ma ripaga sempre!
*Comunque se proprio vuoi il cd puoi **masterizzarlo gratis**, con gli mp3 che ti do!*